KB062485

세계는 왜
가짜뉴스와 전면전을
선포했는가?

세계는 왜
가짜뉴스와 전면전을
선포했는가?

—

황치성 지음

허위정보의 실체와 해법을 위한 가이드

FAKE NEWS

DISINFORMATION

BOOK STAR

'가짜뉴스' 논란이 한창이다. 그런데 이 말이 주는 의미가 참으로 절묘하다. 가짜는 '거짓을 사실 혹은 참인 것처럼 꾸민 것'이고 뉴스는 기본적으로 '사실을 전제로 한 새로운 소식이나 정보'를 말한다. 이렇게 보면 두 단어는 본디 어울릴 수 없는 말이다. 아니 어울려서는 안 될 말이다.

조합이 되건 말건 말이야 쓰면 될 일이다. 그런데 문제가 있다. 진짜와 가짜가 혹은 사실과 의견이 뒤섞여 구분이 없어져 버린다는 점이다. 전직 기자 출신으로 아시아 태평양 지역 구글 뉴스랩을 담당하는 아이렌 제이 리우는 이를 두고 "뉴스에 정체가 불분명한 가짜가 붙음으로써 결과적으로 본래의 뉴스 저널리즘을 폄훼하고 있다"고 꼬집었다. 다시 말하면 가짜뉴스라는 용어가 정통 뉴스를 모독하고 있다는 의미다. 뉴욕타임스, 워싱턴포스트 등과 같은 유력 신문의 보도를 서슴없이 가짜뉴스라고 질책하는 도널드 트럼프 미국 대통령에 이르면 이 말의 의미는 절정에 이른다. 한마디로 코미디다.

한 단면이지만 가짜뉴스의 무서움이 여기서 드러난다. 그 실체나 본질을 드러내 놓지 않는 가운데 사람들의 마음을, 무수한 논란의 초점을, 더 나아가 진지해야 할 논의마저도 '한바탕 웃음으로' 변질시켜 버린다. 그 탓일까. 가짜뉴스가 난무하는 이 상황에서 진짜 뉴스를 만드는 사람들조차 문제의 본질을 간과한 채 철저하게 방관자로, 중계자로만 머물고 있다. 가짜뉴스의 실체가, 그리고 그로 인해 나타날 우리 세상의 미래가 진지한 논의 한번 없이 이렇게 끝나도 되는 일일까.

사실 이런 류의 논쟁은 이미 일찍부터 있어 왔다. 인터넷이 확산되자 기술 결정론자들은 '인터넷이 인류가 지금까지 누리지 못했던 평등을 실현하게 할 것'이라는 낙관론을 펼쳤다. 마찬가지로 소셜 미디어가 등장하자 이들은 '네트워크화된 기술이 시민들의 참여와 민주주의의 꽃을 피울 것'이라고 예찬하면서 규제 반대론을 펼쳤다. 인터넷과 그 뒤를 이어 등장한 소셜 미디어가 과연 이들이 말한 이상을 실현했는가.

미얀마에서는 지난 몇 년간 2만 명이 넘는 로힝야족 사람들이 집단적으로 살해되었다. 미얀마 국민들에게 유일한 통신수단이었던 페이스북에 증오와 악의에 찬 가짜뉴스가 도화선이 되었던 탓이다. 루마니아는 지난해 '백신이 자폐증을 유발한다'는 거짓정보에 대한 편향된 믿음 때문에 31명에 달하는 홍역 환자들이 목숨을 잃었다. 2016년 브렉시트를 놓고 실시된 영국의 국민투표는 'EU 탈퇴로 본국에 돌아올 천문학적 분담금의 혜택', '터키 난민의 대거 유입설' 등의 가짜뉴스 때문에 실제 민의와 다른 결과를 낳기까지 했다. 영국에서는 가짜뉴스가 초등학생들의 수업 과제와 토론에까지 파고들어 미래에 대한 두려움과 불확실성의 문화를 조장한다는 보고서까지 나왔다.

우리나라에선 얼마 전 사실 확인도 하지 않고 올린 맘카페의 글 때문에 어린이집 여교사가 투신해야 하는 사건이 발생했다. 이게 특수하고 예외적인 일일까. 아닐 것이다. 이미 공인과 유명 연예인들에 대한 가짜뉴스도 넘치고 있다. 가짜뉴스로 인한 폐해는 정치, 사회, 경제라는 제도적 영역뿐만 아니라 일상의 우리 주변에서 일어날 수 있음을 예고하는 것들이다.

외국 역시 가짜뉴스 문제가 불거진 초기에는 많은 논란이 있었다. 그러나 논란에 논란을 거듭하면서도 그들은 머리를 맞댔다. 최소한 가짜뉴스가 가져올 치명적인 위협 가능성과 대책 마련의 필요성에는 공감했기 때문이다. 지금도 논란은 계속되고 있지만 1년여 동안 같이 고민을 하면서 사회적 합의를 이끌어내고 있다. 진지하고 통찰력 있는 토론 한번 없이 소모적인 논란만 지속하고 있는 우리나라와는 사뭇 다른 모습들이다.

세계 각국이 왜 가짜뉴스 혹은 허위정보에 대해 왜 전면전을 선포했을까. 그리고 왜 하나같이 이념이 다른 정당과 의원들이 머리를 맞대고 1년여에 걸쳐 세계 곳곳의 허위정보 현장을 누볐을까. 그리고 그 과정을 통해 나온 결과와 접점들이 시사하는 바는 무엇이고 현재의 우리나라 상황에서 벤치마킹할 부분이 없겠는가. 이러한 의문들이 집필의 출발점이었고, 이 책은 그 대답들을 7장에 걸쳐 담아낸 것이다.

1장에서는 가짜뉴스·허위정보의 개념을 집중적으로 다루었다. 가짜뉴스란 말의 기원에서 다양한 개념과 유사 용어들의 차이점들을 알아보았고, 최근 들어 세계 각국이 공통으로 쓰기 시작한 허위정보의 개념을 상세히 살펴봤다. 이어 국내에서 사용하고 있는 가짜뉴스의 개념을 종합적으로 분석한 후 새로운 대체 용어로서 '허위정보' 개념과 기준을 제시했다.

2장은 허위정보가 왜 그렇게 쉽고 빠르게 사람들의 마음을 파고드는지에 대한 배경을 분석한 것이다. 크게 '소셜 미디어의 부상', '뉴스 미디어의 경쟁 상황과 신뢰도 하락', '인지적 주의 집중력 약화와 확증편향', '허위정보의 경제적 수익화', '교육 환경', '딥페이크 등 무한 복제기술의 발전' 등으로 나누어 그 원인을 진단했다.

3장은 허위정보에 대한 논의의 시각을 확장해 보기 위해 우리 사회에 미치는 영향을 다양한 측면에서 분석했다. '확증편향과 집단적 배타 의식', '사회적 양극화', '여론 및 집합적 의사결정의 왜곡', '사회제도에 대한 불신' 그리고 '민주주의에 대한 위협' 등으로 나누어 기술했다.

4장은 세계 각국이 가짜뉴스 문제 해결을 위해 어떤 과정을 거쳐 어떤 결론에 도달했는지 영국, 프랑스, 독일, 미국, 싱가포르, 스웨덴, 유럽연합 등 7개국의 사례를 분석했다. 그리고 '기존 법의 개정이나 별도 입법의 필요성 여부', '온라인 플랫폼 업체들의 책임과 규제 문제', '정부의 역할', '언론, NGO 등 시민사회의 역할', '팩트체킹', 그리고 '미디어 리터러시 교육 정책' 등의 쟁점을 중심으로 그 특징도 함께 분석했다.

5장에서는 최근 들어 가짜뉴스나 허위정보 문제에 대한 대안 중의 하나로 부각되고 있는 팩트체크 사례들을 분석했다. 팩트체크의 전 세계적 동향과 함께 미국, 영국, 프랑스, 노르웨이, 아르헨티나, 덴마크 등의 주요 팩트체크 기관들을 상세하게 소개했다.

6장은 미디어 리터러시 교육 정책에 관한 내용을 다루었다. 가짜뉴스에 대한 정책이나 입법 여부는 나라별로 차이를 보이고 있지만, 비판적 사고를 중심으로 한 미디어 리터러시 교육 강화에는 대부분 일치된 견해를 보이고 있다. 영국, 프랑스, 미국, 싱가포르, 그리고 유럽연합에서 추진하고자 하는 미디어 리터러시 교육 정책의 방향과 주요 내용을 제시했다.

7장은 허위정보를 판별하는 방법을 다루었다. 허위정보에 대한 대책의 하나로 미디어 리터러시 교육의 중요성이 강조되고 있으나 '무엇을 어떻게 할 것인가' 하는 방법론의 문제는 여전히 쉽지 않은 과제로 남아 있다. 지금까지 학교 안팎에서 다양한 형태의 미디어 리터러시 교육이 시행되어 왔으나 허위정보 판별의 근간이 되는 비판적 사고가 도외시되었기 때문이다. 이런 배경에서 비판적 사고를 적용한 미디어 리터러시의 핵심 원리를 바탕으로 스무고개 형태의 핵심 질문을 추출하고 그 배경을 압축적으로 소개했다.

"거짓은 날아오고, 진실은 그 뒤를 절뚝거리며 온다."《걸리버 여행기》를 쓴 영국의 풍자작가 조너선 스위프트의 말이다. 거짓말은 사람들의 마음속을 쉽게 파고들지만 진실을 추구하는 일은 복잡하고 번거로운 과정을 요하기 때문에 더딜 수밖에 없다는 의미다.

정보가 넘쳐나고 모든 것이 디지털로 환원되는 오늘의 상황에서 거짓말은 소셜 미디어를 타고 빛의 속도로 오지만, 진실은 여전히 절뚝거리며 힘겨운 걸음걸이를 하고 있다. 가짜뉴스 문제와 해법을 찾기 위해 고심하는 우리나라 상황 역시 마찬가지다. 이 책이 그 힘겨운 걸음걸이에 조금이라도 도움이 되었으면 하는 것이 필자의 바람이다.

책을 펴내는데 정성을 쏟아주신 북스타 박정태 회장님과 임직원 여러분께 고마움을 전한다.

07 스무고개로 넘는 허위정보 판별 가이드

01

이젠 가짜뉴스가 아니라
허위정보다

거짓은 날아다니고, 진실은 그 후에 절뚝거리며 온다.

- 조너선 스위프트

1

가짜뉴스의 등장과 유사 사례들의 기원

　가짜뉴스란 말은 2016년 미국 대선 캠페인에서 도널드 트럼프 후보가 사용하면서 큰 반향을 불러일으켰다. 그로부터 1년 뒤, 영국의 콜린스 사전은 이 말을 '2017 올해의 단어'로 선정했다.[1] 2017년 한 해 동안 세계에서 가장 크고 영향력 있게 주목받은 단어라는 의미다. 가짜뉴스란 말의 위세는 2018년에도 전 세계를 강타하면서 그 영향력을 확장해 나가고 있다. 이쯤되면 최소한 가짜뉴스란 말의 의미 정도는 명확하게 나타났어야 하지만, 그 말의 의미는 여전히 혼란스러운 상태에 있다.

　가짜뉴스는 'fake news'를 우리말로 번역한 것이다. fake라는 단어의 기원은 아직 알려지지 않았지만 문헌상 최초의 기록은 영국 런던에서 '위조의'라는 뜻을 가진 범죄 속어의 용례로 발견되었다.[2] 이후 1812년에는 '도둑질하다', 1851년에는 '사기꾼'이란 의미로도 쓰였다.

fake news는 1894년에 저널리즘과 관련하여 의도적으로 호도하는 뉴스라는 의미의 용례가 나타난다.[3] 그 이후에도 자주 쓰이진 않았으나 2016년 미국 대선이 본격화되면서 널리 쓰이기 시작했다. 당시 영국의 콜린스 사전은 이를 '뉴스로 위장해서 전파되는 거짓되고 선정적인 정보'로 정의했다.[4]

의도적으로 누군가를 속이기 위해 거짓 소문이나 정보를 퍼뜨리는 활동은 이미 오래전부터 있었다. 국제언론인연맹은 기원전 44년 초대 로마 황제가 된 아우구스투스가 집권을 위해 활용한 거짓 정보를 역사상 최초의 사례로 제시한다.[5] 황제가 되기 전 옥타비아누스란 이름을 가졌던 아우구스투스는 최대 정적이었던 안토니우스를 제거하기 위해 당시 가장 빠른 정보 전파 수단인 동전을 통해 거짓말 캠페인을 전개했다. 당시 옥타비아누스는 지략은 뛰어났으나 황제가 되는데 최고의 자질로 꼽혔던 대장군 이미지와는 거리가 멀었다. 옥타비아누스는 이런 유약한 이미지를 바꾸기 위해 '개선장군'imperator의 이미지를 부각시킨 동전을 유통시키는가 하면 안토니우스와 클레오파트라의 방탕함을 동전 속에 새겨 넣기도 했다. 오늘날의 상황으로 이야기하면 동전이라는 트위터를 통해 의도적으로 거짓말을 유포했고 결국 황제의 자리를 차지하게 된 것이다.

중국은 이런 의미의 거짓 정보를 더 오래전부터 활용했다. 춘추시대 오나라 출신의 병법가인 손무의 《손자병법》 13편 용간에서 간첩을 운용하는 방법을 상세히 서술하고 있다.[6]

"아군 내에 있는 적의 첩자를 찾아내어 매수하거나 후한 대우를 해서 그를 다시 적진으로 돌려보내고 아군을 위한 반간으로 활동하게 한다. 반간을 통해 얻은 정보는 다시 적진에서 활동하는 향간과 내간을 통해 확인해야 한다. 또 사간을 적진에 보내 거짓 정보를 유포시켜 적을 속여야 한다. 그리고 생간을 보내 적이 속고 있는지 확인하고 돌아오게 해야 한다."

손무가 《손자병법》을 쓴 시기가 기원전 6세기경이라는 점을 고려하면 이미 2500년 이전부터 전쟁에서 승리하기 위해 거짓 정보가 자주 활용되었음을 추정할 수 있다.

거짓 정보는 권력자들이 눈엣가시나 정적을 제거하는 데도 자주 활용되었다. 소크라테스는 널리 알려진 바와 같이 '기묘한 논리를 펴면서 젊은이들을 타락시켰고, 국가와 신을 모독한 불경죄를 저질렀다'는 이유로 사형을 선고받았다. 당시 소크라테스를 기소한 사람은 기원전 403년에 반혁명을 통해 복위한, 소위 민주투사의 대명사로 알려진 아니토스였다.[7] 아니토스와 그를 따르던 소피스트들은 소크라테스를 제거하기 위해 '젊은이들을 타락시키고 민주주의를 무너뜨리려고 독재를 추동하고 있다'는 거짓 정보를 시중에 퍼트렸고 결국 사형선고를 받게 했다.

흔히 가짜뉴스를 막기 위한 주요 대안 중의 하나로 미디어 리터러시 교육을 꼽는데 그 핵심은 바로 소크라테스의 문답법에서 발전한 비판적 사고 능력이다. 가짜뉴스를 막기 위한 현존 최고의 방법을 창안한 소크라테스가 그 가짜뉴스로 인해 독배를 마신 최초의 희생양이 된 셈이다.

　미국의 남북전쟁 중에는 스스로를 '코퍼헤드'Copperheads라 칭하는 중서부 민주당원들이 링컨 행정부에 대한 반감으로 《에이브러햄 아프리카누스 I세가 최면 상태에서 실토한 그의 이중 생활을 파헤치다》 등의 인종차별적인 제목으로 책자를 제작 배포했다.[8] 이들은 노예 해방 선언이 공표된 이듬해인 1864년에는 "공화당은 미합중국이라는 나라 이름을 바꿀 것인가? 그렇다. 그들이 생각하는 새로운 국호는 무엇일까? 그것은 뉴아프리카New Africa다."라고 주장했다. 이러한 류의 거짓 정보는 1800년대 후반 랜돌프 허스트William Randolph Hearst와 조셉 퓰리처Joseph Pulitzer가 '신문 장사를 하기 위해' 주도한 옐로우 저널리즘 시대의 신문 기사에도 자주 등장한 바 있다.

　가짜뉴스나 허위정보는 전시의 전술 전략이나 상업적 목적을 위해 사용되었는가 하면 군국주의 시대에는 자국민에게 집단 내 일체감을 강화하고 다른 나라 국민이나 타민족에게는 대한 적개심을 불러일으키기 위한 수단으로도 활용되었다. 관동 대지진 때 일본 제국주의와 일본인들에 의한 조선인 대학살이 대표적인 예이다.

　1923년 도쿄 일원의 간토 지방은 지진으로 인해 거의 궤멸에 가까운 피해를 입었고, 민심과 사회 질서가 대단히 혼란스러운 상황이었다.[9] 일반인들 사이에 서로를 믿지 못하는 불신이 싹트는 가운데, 일본 내무성은 계엄령을 선포했고, 각 지역 경찰서에 지역의 치안 유지에 최선을 다할 것을 지시했다. 그런데 이때 내무성이 각 경찰서에 하달한 내용 중에 "재난을 틈타 이득을 취하려는 무리들이 있다. 조선인들이 방화와 폭탄에 의한 테러, 강도 등을 획책하고 있으니 주의하라."라는 내용이 있었다.

이 내용은 일부 신문에 사실 확인도 없이 보도되었고, 보도 내용에 더해 거짓이 추가되면서 내용이 더 과격해진 유언비어들이 아사히 신문, 요미우리 신문 등 여러 신문에 다시 실림으로써 "조선인또한 중국인들이 폭도로 돌변해 우물에 독을 풀고 방화·약탈을 하며 일본인을 습격하고 있다."라는 거짓 소문이 각지에 나돌기 시작했다.

당시에는 지진으로 인해 물 공급이 끊긴 상태였고, 목조 건물이 대부분인 일본인은 화재를 굉장히 두려워했으므로 이러한 소문은 진위 여부를 떠나 일본 민간인에게 조선인이나 중국인에 대한 강렬한 적개심을 유발했다. 결과적으로 6천여 명에 달하는 조선인들이 학살당하는 대참사로 이어졌다.

최근 들어 가짜뉴스란 말이 일반화되었지만 메리엄 웹스터 사전에 따르면 '페이크'fake는 상대적으로 새로운 단어이고 18세기 후반까지 사용된 적이 없는 형용사였다.[10] 다만 문헌상으로는 1500년대 이후 '거짓 뉴스'false news라는 말은 자주 등장했다. 가짜뉴스란 말이 일반화되기 시작한 초기만 하더라도 콜린스 사전에서 정의한 의미로 사용되었다. 영국의 미디어 교육 전문가인 데이비드 버킹엄David Buckingham 교수는 가짜뉴스를 '거짓말을 하거나 기만할 목적으로 조작된, 그리고 신중하게 의도된 뉴스'로 정의했다.[11]

2

가짜뉴스의 개념과 그 모호성

디지털 기술의 발전으로 인해 개개인을 포함한 그 누구라도 콘텐츠를 제작하고 조작하는 일이 그 어느 때보다도 쉬워졌다. 소셜 미디어의 등장과 확산은 이렇게 조작된 정보를 실시간으로 광범위하게 주고받을 수 있는 장을 제공했다. 가짜뉴스는 이러한 환경을 배경으로 마치 전염병이 퍼지듯 세상을 종횡무진으로 활동하고 있다.

우리나라에서도 가짜뉴스를 대체로 '허위의 사실관계를 고의적, 의도적으로 유포하기 위한 목적으로 기사 형식을 차용하여 작성한 것'으로 정의해 왔다.[12] 중앙선거관리위원회 역시 2017년 5월에 치러진 대선을 앞두고 가짜뉴스를 "외견상 언론사에서 제작한 기사처럼 보이나, 사실에 기초하지 않은 허위정보를 가짜뉴스 제작 사이트 등을 이용 신문 기사인 것처럼 꾸며 유통시키는 뉴스 형태의 허위 사실"로 정의했다.[13]

황용석과 권오성은 가짜뉴스를 설명하기 위해 사실이 아닌 정보를 잘못된 정보misinformation와 기만적 정보disinformation 두 가지로 구분했다.[14] 잘못된 정보는 사실과 전체 또는 부분적으로 다른 정보로 발화자의 '의도성'과 관계없이 부정확하고 잘못된 정보를 지칭하는 포괄적 개념이다. 잘못된 정보는 발화한 당사자가 잘못되었음을 인지하고 있을 수도 있고 모를 수도 있다. 잘못된 정보는 다시 풍자적 가짜뉴스, 소문 또는 루머, 오보 등 세 가지 유형으로 나누어진다.

풍자적 가짜뉴스는 전통적인 저널리즘 양식을 모방해서 비판적이고 풍자적으로 비꼬는 새로운 뉴스 형식의 하나로 주로 텔레비전 프로그램을 중심으로 발전되어 왔다.[15] 대표적 사례가 유명 코미디언 스티븐 콜베어Steven Colbert가 진행하는 시사 방송물 '콜베어 리포트'이다. 이 프로그램에서 코미디언 콜베어는 오만하고 어리석은 보수파 정치 평론가를 연기하면서, 특정 정치인들과 정치 행태를 통렬하게 비판했다. 이 프로그램은 큰 인기를 끌어 힐러리 클린턴 같은 거물 정치인까지 출연했다.

루머는 사실 여부가 확인되지 않은 채 확산되는 정보로 그 사실 여부가 확인되지 않은 진술을 말한다.[16] 루머는 과거 입소문을 통해 확산되었지만, 최근에는 매스미디어와 소셜 미디어 등을 경유해 사회적으로 확산되는 특징이 있다. 루머 가운데에는 잘못된 정보와 의도적으로 퍼뜨린 가짜 정보가 포함될 수도 있다. 그러나 루머 중에는 경우에 따라 사후에 사실로 판명 나는 경우도 있어서 전적으로 허위정보와 동일시하기에는 문제가 있다.

특히 증권가의 경우 루머가 사실로 드러나는 경우가 많았다. 한국거래소가 2011년 7월, 1년 6개월간 나돌았던 각종 루머와 관련된 조회 공시 267건을 분석한 결과 상당수 루머, 특히 악재성 루머의 경우 75%가 사실로 확인됐다고 발표했다.[17]

오보는 언론의 포괄적인 실수에 의해 비롯되는 보도상의 오류로 행위의 주체가 언론사라는 점이 특징이다. 이러한 오보는 취재 과정에서의 실수 외에 허위 및 날조 보도, 과장 보도, 불공정 보도, 해석상의 착오, 인쇄 등 제작 과정에서의 실수까지 포함한다.[18]

오보의 극단적 형태로 나타나는 것 중의 하나가 사건이나 현상을 의도적으로 날조한 왜곡 보도다. 누군가에게 의도적으로 해를 입히기 위해 거짓을 보도했다는 점에서 가짜뉴스와 유사하다. 그러나 왜곡 보도는 그 왜곡의 범위가 대체로 저널리즘 전문직 규범에서 벗어난 차원으로, 형식과 내용이 모두 기만적이라는 점에서 가짜뉴스와 차이가 있다. 입장이 상충하는 집단들에 대해 어느 한 측에 유리하거나 불리하게 보도하는 편파 보도도 왜곡의 성격을 띠지만 사실적 내용과 편향적인 의견이 뒤섞여 있다는 점에서 왜곡 보도나 가짜뉴스와 차이가 있다.

이러한 구분을 바탕으로 황용석과 권오성은 가짜뉴스를 '상업적 또는 정치적 목적에서 타자를 속이려는 의도가 담긴 정보',

'수용자가 허구임을 오인하도록 언론 보도의 양식을 띤 정보', '사실 검증이라는 저널리즘의 기능이 배제된 가운데 검증된 사실처럼 허위 포장한 정보' 등 세 가지 속성을 띤 것으로 규정했다.[19]

가짜뉴스는 두 가지 목적을 특징으로 하는데, 하나는 트래픽을 유도해서 상업적인 이익을 취하려는 것이고, 다른 하나는 정치적 선동이다.

상업적인 목적의 가짜뉴스는 지난 미국 대선에서 다양한 양상으로 나타났다. 이를테면 2016년 미국 대선 당시 트럼프에 편향된 가짜뉴스를 가장 많이 쏟아냈던 곳 중 하나가 마케도니아의 소도시 벨레스였는데, 이 지역에 사는 청소년들은 가짜뉴스 사이트를 만들어서 막대한 광고 수익을 올렸다. 컴퓨터공학 전공자 베카 라차비제Bega Latsabidze는 뉴욕타임스NYT와 인터뷰에서 대학 졸업을 앞두고 직장을 구하지 못해 가짜뉴스 사업에 뛰어들었다고 고백했다.[20] 이들은 처음에는 트럼프와 힐러리 클린턴 가짜뉴스를 모두 내보냈지만, 트럼프와 관련된 가짜뉴스가 클린턴 기사보다 인기가 있자 미국의 우익 사이트 정보를 임의로 복사하고 변형해서 실체 없는 뉴스를 만들어 냈다.

정치적 선동을 주목적으로 하는 가짜뉴스는 정치적 공작 또는 프로파간다로 불리는 일련의 온라인 선전 활동이다. 이 활동은 경쟁 세력 또는 특정 집단을 매도, 분리, 고립시킨다는 목적을 지니는 특징을 갖고 있다. 반드시 뉴스의 형태를 띠지는 않지만, 신뢰도를 높이고자 뉴스에 보도된 것처럼 표현의 양식을 훔

쳐 쓰기도 한다. 박근혜 전 대통령의 탄핵 사건을 둘러싸고 벌어진 이른바 '태극기 집회'에서 인쇄 신문을 가장한 가짜뉴스와 탄핵 집회를 북한의 소행으로 본 온라인 가짜뉴스 등이 그 사례들이다.

그러나 기존의 가짜뉴스라는 용어에는 기본적으로 다양한 유형의 개념들이 혼합되어 있다. 예를 들면 기자들이 범할 수 있는 정직한 실수, 정파적인 정치적 담론, 클릭베이트 헤드라인 사용 등과 같이 상대적으로 위험도가 낮은 형태의 허위정보에서 다양한 형태의 악의적 조작, 풀뿌리 집단의 침투, 자동화된 증폭 기술 등을 사용하여 특정 국가 혹은 국가 단체의 정치적 과정을 훼손하려는 것과 같이 위험도가 높은 형태의 허위정보까지 포함하고 있다.

3

허위정보로의 전환 배경과 그 개념

가짜뉴스의 개념들은 내용 면에서 다소의 차이가 있지만, 2017년까지만 해도 누군가에게 해를 입히거나 이익을 얻을 목적의 '유해성', 거짓 정보라는 '허위성', 그리고 뉴스의 형태를 모방한 '뉴스 형식' 등의 요건이 주요 기준이 되었다.

그러나 2018년 중반 이후에 들어서면서 가짜뉴스의 개념과 특성에 대한 비판이 제기되었고 용어 자체도 가짜뉴스 대신 허위정보disinformation 혹은 잘못된 정보misinformation로 바뀌고 있다. 가짜뉴스란 용어에서 나타날 수 있는 문제점을 들어보면 다음과 같다.

첫째, 가짜뉴스라는 용어는 정보 무질서 현상의 복잡다단한 측면들을 설명하는데 타당하지 않다.[21] 가짜뉴스에는 실제로 또는 완벽하게 가짜가 아닌 것 뿐만 아니라 사실과 뒤섞여 범벅이 되어 있는 날조된 내용까지 포함되어 있다. 그리고 꾸며낸 시민

운동, 페이크 추종자들의 네트워크 그리고 날조되거나 조작된 비디오, 타겟화된 광고, 인터넷 토론방에서 남들의 화를 부추기기 위해 조직적으로 메시지를 보내는 트롤링trolling, 비주얼 밈 등의 용도로 사용되는 유사 뉴스들까지를 포함한다. 그것은 또한 허위정보의 생산, 포스팅을 이어주는 것spanning from posting, 코멘트하는 것과 공유하는 것, 그리고 트위팅하는 것과 리트윗하는 것을 넘어 거짓 정보의 유통까지 포함한 일련의 디지털 행위 전체를 포괄한다.

둘째, 가짜뉴스라는 용어는 정치 현상을 오도하는 데 악용되고 있다.[22] 특히 미국의 트럼프 대통령과 같은 일부 정치인들은 그 용어를 악용해서 자신들이 동의할 수 없는 언론 보도를 비판하는 무기로 활용하고 있다.

그리고 더 나아가 정보의 배포와 유통에 개입하고 독립적인 뉴스 미디어를 해치는 강력한 무기로 활용하고 있다. 전직 기자 출신으로 아시아 태평양 지역 구글 뉴스랩을 담당하는 아이렌 제이 리우Irene Jay Liu는 "가짜뉴스는 어떤 의미를 가지고 있는지 불분명하며 특히 뉴스에 가짜라는 말을 붙임으로써 뉴스 저널리즘을 폄훼하고 있기 때문에 잘못된 용어"라고 지적하기도 했다.[23]

셋째, 기존의 가짜뉴스는 '뉴스로 위장한' 혹은 '뉴스 형식을 띤 것'을 전제하고 있으나 지금까지 나타나고 있는 가짜뉴스 중에는 '뉴스 형식'을 띠지 않는 거짓 정보가 많다. 예컨대 선관위가 19대 대선을 앞두고 3만 1,004건이 넘는 가짜뉴스가 유통되고 있다고 발표했지만 뉴스 형식을 띠지 않은 게 대부분이었다.[24]

아래 그림은 2017년 5월 3일자로 19대 대통령 선거 관련 투표 용지가 잘못됐다는 내용의 트위터이다.[25] 투표 용지가 두 종류로 되어 있다는 글인데 자세히 들여다보면 왼쪽의 투표 용지는 19대 대선용이고 오른쪽 투표 용지는 18대 대선 때 쓰였던 투표 용지다. 전혀 다른 대선 때의 투표 용지를 비교하면서 잘못됐다고 주장하고 있다. 또 제19대 대통령 선거 사전투표는 2017년 5월 4일부터 5일까지 실시되었는데 게시 날짜는 하루 전날인 5월 3일로 되어 있다. 전형적인 가짜뉴스지만 뉴스 형식은 그 어디에도 보이지 않는다.

◎ 2017년 5월 3일에 올라온 투표 용지 관련 트위터 글

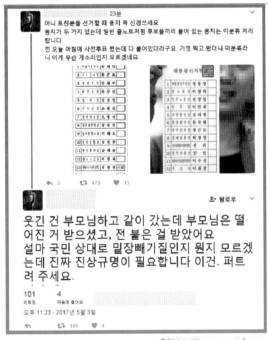

출처: http://www.newstof.com

마지막으로 가짜뉴스라는 말에서 풍기는 뉘앙스와 그에 대한 인식의 문제이다.[26] 가짜라는 말은 일상에서 있을 수 있는 일 정도의 가벼움을 연상시킨다. 예를 들어 위조지폐와 가짜 돈을 놓고 볼 때, 같은 의미지만 들리는 뉘앙스와 문제의식은 사뭇 다르다. 위조지폐란 말은 얼른 들어도 중차대한 문제로 인식된다. 개인의 문제를 넘어 국가의 화폐 유통, 나아가 경제 전반에 막대한 영향을 미칠 것으로 보인다. 그래서 당국은 물론 일반 국민들도 경각심을 갖는다. 가짜 돈은 다르다. 문제는 문제지만 개인적 일탈 정도로 끝날 수 있는 가벼운 문제로 생각되기 십상이다. 결과적으로 허위정보의 심각성에 대한 인식을 무디게 만들 수 있다.

유럽연합 집행위원회는 개념적 모호성 등 가짜뉴스 용어의 문제점을 지적하고 그 대안으로 허위정보disinformation라는 개념을 제시했다.[27] 여기에서 허위정보는 '의도적으로 대중에게 손해를 입히거나 이윤 획득을 위해 만들어지고 유포하는 모든 형태의 거짓되고, 부정확하며 오도하는 정보'이다.

해를 입힐 위험에는 민주주의 정치 과정과 건강, 과학, 교육, 재정 등과 같은 다양한 분야의 가치를 위협하는 모든 것들이 포함된다. 그러한 해악은 경제적 이득이나 정치적 또는 이데올로기적 목표를 위한 허위정보의 제작과 확산 운동에 의해 추동되지만, 다양한 오디언스층과 지역사회가 허위정보를 어떻게 받아들이고 수용하고 또 확산시키는가에 따라 심각하게 악화될 수도 있다고 보았다.

다만 허위정보와 유사한 의미를 가지는 잘못된 정보 misinformation는 고의가 아니라 실수에 의한 것이기 때문에 허위정보의 범주에서 제외했다. 또 온라인 상의 명예훼손, 혐오 표현, 폭력의 선동 등과 같은 불법 정보도 허위정보에서 제외했다. 이는 EU나 개별 국가의 법에 의해 규제 조치가 취해지고 있기 때문이다. 풍자와 패러디 유형의 콘텐츠 역시 허위정보에 들어가지 않는다고 규정했다.

경향신문 2018년 9월 29일 토요일

기고

'가짜뉴스'에 숨어있는 덫, 이젠 그 말을 버려야 한다

황치성
한국언론진흥재단
전문위원

최근 두 달 새 세계 주요국가들이 가짜뉴스 대책을 잇따라 내놓았다. 먼저 영국 상원의 디지털문화미디어위원회는 7월 말, 1년간의 연구결과를 종합한 '허위정보와 가짜뉴스' 대책을 발표했다. 이에 뒤질세라

들은 한목소리로 경고한다. '가짜뉴스의 방치는 탈진실의 시대, 나아가 민주주의의 붕괴를 가져올것'이라고.

우리나라가 가짜뉴스 현상에 유독 조용한 반응을 보이는 데는 여러 이유가 있을 수 있지만 무엇보다 부적절한 용어 사용 탓이 크다. 영어의 페이크 뉴스를 번역한 가짜뉴스에 대해 아직 합의된 개념은 없지만 대체로 '의도적으로 해를 입히거나 수익을 위해 뉴스로 위장

서 '가짜'에 '뉴스'를 덧붙이는 용어는 진짜뉴스와 가짜뉴스의 경계를 흐리게 하고 저널리즘을 모독하는 또 하나의 왜곡을 만들어낸다.

마지막으로 가짜뉴스라는 말에서 풍기는 뉘앙스와 그에 대한 인식의 문제이다. 가짜라는 말은 일상에서 있을 수 있는 일정도의 가벼움을 연상시킨다. 예를 들어 위조지폐와 가짜돈을 놓고 볼 때, 같은 의미지만 들리는 뉘앙스와 문제의식은 사뭇 다르다. 위조지폐란 말

최근 두 달 새 세계 주요국가들이 가짜뉴스 대책을 잇따라 내놓았다. 먼저 영국 상원의 디지털문화미디어위원회는 7월 말, 1년간의 연구결과를 종합한 '허위정보와 가짜뉴스' 대책을 발표했다. 이에 뒤질세라 미국 상원 역시 1년여의 연구 끝에 소셜 미디어 플랫폼과 테크

놀로지 기업의 규제에 초점을 둔 가짜뉴스 정책백서를 내놨다. 이어 프랑스도 9월 중순 '정보 조작: 민주주에 대한 도전'이라는 보고서를 통해 가짜뉴스를 막기 위한 50개 권고안을 제시했다. 싱가포르와 유네스코도 연이어 이 행렬에 동참했다.

그러나 우리나라는 유난히 조용하다. 물론 선거 상황에서 요란한 움직임은 있었다. 선관위나 검찰 등이 서슬이 시퍼런 대책을 내놓기도 하고 지난 대선을 전후해서는 네댓 개의 개정안이나 법이 상정되기도 했다. 하지만 그때 뿐이다. 그렇다면 가짜뉴스로 지칭되는 정보의 무질서 현상이 선거 때만 발생하는 일시적 현상인가? 아니다. 박근혜 전 대통령의 탄핵과 구속을 둘러싼 각종 집회, 남북정상회담, 예멘 난민, 미투, 메르스 환자 발생 등 중요한 이슈가 불거질 때마다 가짜뉴스는 어김없이 등장했고 혼란을 부추겼다. 사회 전 분야에 걸쳐 만연한 현상이다. 그래서 외국의 전문가들은 한목소리로 경고한다. '가짜뉴스의 방치는 탈진실의 시대, 나아가 민주주의의 붕괴를 가져올 것'이라고.

우리나라가 가짜뉴스 현상에 유독 조용한 반응을 보이는 데는 여러 이유가 있을 수 있지만 무엇보다 부적절한 용어 사용 탓이 크다. 영어의 페이크 뉴스를 번역한 가짜뉴스에 대해 아직 합의된 개념은 없지만 대체로 '의도적으로 해를 입히거나 수익을 위해 뉴스로 위장한 거짓 정보'라는 의미로 쓰인다. 그러나 이 용어엔 몇 가지 치명적인 덫이 숨겨져 있다.

우선 가짜뉴스 중에는 '뉴스 형식'을 띠지 않는 거짓 정보가 많다. 예컨대 선관위가 19대 대선을 앞두고 3만 건이 넘는 가짜뉴스가 유통되고 있다고 발표했지만 뉴스 형식을 띠지 않은 게 대부분이었다. 이는 선거에 한정한 것이지만 실제로 잘못된 형태의 정보는 선거 때뿐만 아니라 경제, 사회, 과학 등 모든 분야에 걸쳐 광범위하게 나타나고 있다. 결과적으로 가짜뉴스란 용어는 사회 전반에 걸쳐 일어나는 정보의 무질서 현상을 뉴스라는 형식에 가둬 놓음으로써 문제의 본질을 간과하게 만든다.

두 번째는 뉴스라는 용어의 부적절성이다. 뉴스는 기본적으로 사실을 전제로 한 새로운 소식이나 정보를 말한다. 사실이 아니라면 이미 뉴스가 아니라는 의미다. 물론 일부 뉴스는 가짜뉴스의 속성을 포함하기도 한다. 그러나 뉴스는 일반적으로 공식화된 기준에 의해 사실을 확인하는 과정을 거쳐 만들어진다. 따라서 '가짜'에 '뉴스'를 덧붙이는 용어는 진짜뉴스와 가짜뉴스의 경계를 흐리게 하고 저널리즘을 모독하는 또 하나의 왜곡을 만들어낸다.

마지막으로 가짜뉴스라는 말에서 풍기는 뉘앙스와 그에 대한 인식의 문제이다. 가짜라는 말은 일상에서 있을 수 있는 일 정도의 가벼움을 연상시킨다. 예를 들어 위조지폐와 가짜돈을 놓고 볼 때, 같은 의미지만 들리는 뉘앙스와 문제의식은 사뭇 다르다. 위조지폐란 말은 얼른 들어도 중차대한 문제로 인식된다. 개인의 문제를 넘어 국가의 화폐유통, 나아가 경제 전반에 막대한 영향을 미칠 것으로 보인다. 그래서 당국은 물론 일반 국민들도 경각심을 갖는다. 가짜돈은 다르다. 문제는 문제지만 개인적 일탈 정도로 끝날 수 있는 가벼운 문제로 생각되기 십상이다.

가짜뉴스로 지칭되는 정보의 무질서 현상은 이렇듯 가볍게 지나칠 문제가 아니다. 프랑스 가짜뉴스 대책보고서가 50개 권고안을 제시하면서 1항과 2항에 각각 '문제가 되는 용어를 명확히 정의하라', '가짜뉴스의 위협을 과소평가하지 말라'를 강조하고 있는 것도 이런 이유에서다.

세계 각국이 가짜뉴스와의 전면전을 선언하듯 앞다퉈 내놓고 있는 정책사례들은 시사하는 바가 많다. 우리도 이제 가짜뉴스 문제에 적극적으로 나설 때이다. 첫 출발점은 문제의 본질을 직시하고 '가짜뉴스'라는 용어를 버리는 데서 시작해야 한다.

유네스코는 2018년 9월에 발간한 「저널리즘 교육을 위한 핸드북」에서 가짜뉴스 대신 검증 가능한 정보verifiable information와 대비되는 말로 잘못된 정보misinformation와 허위정보disinformation, 그리고 사악한 정보mal-information로 구분했다.[28] 잘못된 정보와 허위정보는 거짓 정보라는 점에 공통 부분이 있지만, 잘못된 정보는 그것을 전파하는 사람이 그것을 진실이라고 믿으며 유포하는 정보이고 허위정보는 전파하는 사람은 그것이 거짓이라는 것을 알면서도 유포하는 정보라는 점에서 차이가 있다. 따라서 허위정보는 타인에게 해를 입히기 위해 의도적으로 만든 거짓 정보라고 할 수 있다.

　사악한 정보는 새롭게 만든 거짓 정보는 아니지만 특정의 사람이나 집단 혹은 국가에 해를 입히기 위해 악의적으로 사용한 정보이다. 특정의 성 혹은 성적 소수자, 특정 인종이나 민족을 대상으로 행해지는 악의적 비방이나 모욕적인 정보나 표현, 즉 혐오 표현hate speech이 대표적인 예다.

◎ 거짓 정보의 세 가지 유형

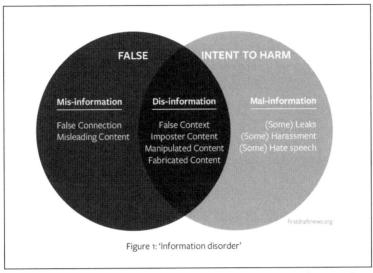

Figure 1: 'Information disorder'

출처: https://blog.wan-ifra.org

　세 가지 유형의 거짓 정보는 2017년 프랑스 대통령 선거 때에 유포되었던 사례들을 통해 잘 알 수 있다. 2017년 프랑스 대선을 앞둔 2월 24일 벨기에 일간지 르수아Le Soir 웹사이트를 정교하게 복제한 웹사이트가 에마뉘엘 마크롱 후보가 사우디아라비아에 의해 자금을 지원받았다고 보도했다. 이 보도는 마크롱 후보가 프랑스 주재 사우디아라비아 대사를 자주 만났다는 정황들까지 제시했지만, 이 역시 거짓 정보로 특정의 대선 후보를 음해하기 위한 전형적인 허위정보 사례였다.[29]

◎ 벨기에 일간지 르 수아 홈페이지를 사칭한 가짜뉴스 사례

출처: https://blog.wan-ifra.org

또 대통령 선거일을 며칠 앞둔 2017년 5월 3일, 인터넷 커뮤니
티 포챈4chan에 마크롱 후보가 바하마 제도에 조세 회피를 위한
은행계좌를 갖고 있다는 글이 올라 왔는데 신나치주의 성향의
웹사이트 '데일리 스토머'가 연계된 허위정보로 판명났다.[30]

2017년 4월 20일, 파리의 샹젤리제 거리에서 총을 든 테러범과 경찰 사이에 총격전이 벌어져 경찰관 1명과 테러범 1명이 사망했다. 그 사건이 일어난 직후 누군가가 소문으로 떠도는 내용, 즉 두 번째 경찰관이 사망했다는 소식을 자신의 SNS에 올렸다. 이것은 긴급 상황이 발생한 상황에서 나타난 거짓 정보로 해당 SNS 이용자는 그 정보를 확인하기 위해 검증 과정을 거치진 않았지만 여러 가지 정황상 다른 사람에게 해를 입힐 목적이 아니라 오히려 경각심을 가지도록 도움을 주기 위해 유포한 정보라는 점에서 허위정보가 아니라 잘못된 정보라고 할 수 있다.

2017년 프랑스 대선 결선 일을 하루 앞두고 유력 후보였던 마크롱 후보의 이메일이 대량으로 유출되는 사건이 발생했다. 후일 러시아 정보기관과 연계된 기관이 해킹한 것으로 알려졌는데 마크롱의 이메일은 거짓 정보와 뒤섞여 확산되었다. 이것은 선거 직전에 특정 후보의 개인정보를 유출시킴으로써 최대한 해를 입힐 목적으로 유포됐지만 실제의 이메일과 거짓 정보가 혼합되어 있다는 점에서 악의적 정보라 할 수 있다.

포제티와 아이어톤Posetti & Ireton은 세 가지 유형의 거짓 정보를 다시 7개 유형으로 세분화했다.[31]

풍자와 패러디

본래 예술의 한 형태였던 풍자와 패러디satire and parody는 저널리즘 양식을 모방해서 사회 현상을 비꼬는 뉴스 형식으로 선을 보였다. 이러한 풍자와 패러디 역시 사실이 아닌 내용을 뉴스 형식으로 꼬집는다는 점에서 일종의 거짓 정보로 분류할 수도 있다. 그러나 해당 정보가 처음부터 풍자 혹은 패러디를 표방했다면 '의도적으로 해를 입힐 목적'이 아니라는 점에서 허위정보와는 다르다.

사이트에 풍자를 공개적으로 표명한 인터넷 신문 디 어니언 The Onion이 대표적인 사례다. 1988년에 인쇄 신문 형태로 창간된 디 오니언은 사실에 기초한 뉴스를 기발한 풍자와 유머, 그리고 통렬한 비판으로 재가공한 매체이다. 2013년부터는 인터넷 전용 뉴스 매체로 전환하여 활동을 계속하고 있다. 2012년 11월 24일자 신문에서는 북한의 김정은 국무위원장을 "현존하는 가장 섹시한 남성"이란 제목의 기사를 올려 세계인의 관심을 끈 적이 있다.[32] 이 정보 역시 거짓이지만 디 어니언이 창간 당시 풍자와 패러디를 공식적으로 표방했다는 점에서 허위정보와는 구분된다고 할 수 있다.

◎ 미국의 풍자 전문 인터넷 매체 디 어니언에서 "현존하는 가장 섹시한 남성"
으로 선정된 김정은 위원장

　　그러나 사람들이 점점 더 소셜 미디어를 통해 정보를 받아들
이는 경향이 증가하는 세상에서 그 사이트가 풍자 사이트라는
것을 모를 경우 혼란스러울 수 있다. 한 예로 파키스탄의 풍자
칼럼 사이트인 '카바리스탄 타임스'Khabaristan Times는 그러한 고
지가 없이 활동함으로써 2017년 1월, 허위정보를 게시했다는 이
유로 출판이 중지됐다.[33] 따라서 해당 정보가 풍자나 패러디라는
점을 공개적으로 밝히지 않았다면 허위정보로 분류할 수도 있
다.

엉뚱한 연결

헤드라인, 비주얼 이미지나 캡션이 본문에 나오는 내용과 연관이 없는 정보는 엉뚱한 거짓 정보false connection 의 예이다.[34] 뉴스 및 온라인 정보 콘텐츠가 폭발적으로 늘어나는 상황에서 증가하고 있는 클릭베이트가 전형적인 예이다. 클릭베이트는 자극적인 제목이나 이미지를 통해 독자들을 끌어들여 조회 수와 광고 수익을 얻기 위해 조작한 미끼형 헤드라인이다.

특히 심각한 사례는 폴리티컬 인사이더Political Insider 웹사이트에서 보여진다. 폴리티컬 인사이더는 2015년 9월 1일 자사 홈페이지에 "트럼프 후보를 만나기 위해 92년을 기다린 유권자… 이제 어떤 일이 벌어질까?"라는 제목의 기사를 게재했다.[35] 제목만 놓고 보면 그야말로 드라마틱한 내용이다. 트럼프 후보는 이 기사를 활용하여 자신의 선거 캠페인에 활용했다. 그러나 그 주인공인 비이더 코룸Beada Corum 할머니는 소셜 미디어에 로그인 한 번 해본 적이 없는 컴맹이었으며, 트럼프 후보에 대한 지지는 텔레비전을 보다가 그런 생각이 들었다는 게 전부였다. 제목은 드라마틱했지만 본문은 '단순히 트럼프 후보를 지지한다'는 평범한 내용에 그쳤다.[36]

◎ 92세 할머니와 도널드 트럼프 후보 관련 클릭베이트 사례

오도성 콘텐츠

오도성 콘텐츠misleading content는 원래의 콘텐츠에서 특정 부분만 선택해서 그것이 전체인 것처럼 오도하는 콘텐츠이다. 예를 들면 원래의 사진 이미지 중에서 특정 부분만 선택하여 잘라내는 것이나 전체의 인용문 중에서 특정 부분만 오려 인용부호를 붙이는 것, 그리고 통계를 선택적으로 사용하는 것 등이다. 대표적인 사례가 반기문 전 유엔 사무총장의 퇴주잔 사건이다.

2017년 1월 14일 반기문 전 사무총장이 충북 음성군에 있는 부친의 묘소를 참배한 뒤 퇴주잔을 묘소에 뿌리지 않고 본인이 바로 마셔 버리는 것처럼 편집된 13초짜리 영상이 공개됐다.[37] 이

동영상은 '반기문 퇴주잔 사건'이라는 제목으로 SNS를 타고 순식간에 퍼졌다. 누리꾼들은 '대통령 선거에 나서겠다는 사람이 전통 예법도 모르냐'며 반 전 총장을 비난했다.[38]

논란이 일자 반 전 총장 측은 페이스북에 1분 40초짜리 전체 영상을 공개했다. 영상에는 반 전 총장이 음복 전 술잔을 두 번 돌리고 묘소에 뿌린 뒤 다시 받는 장면이 나온다. 그가 실제로 마신 건 음복 잔이었다. 결과적으로 어떤 현상의 일부만을 가지고 전체 맥락을 왜곡한 오도성 콘텐츠 사례를 보여 준다.

◎ 반기문 전 유엔 사무총장이 마신 음복 잔이 퇴주 잔으로 오도된 사례

http://www.hankookilbo.com

오도성 콘텐츠는 특정의 이슈나 개인을 특정한 방식으로 프레

임하기 위해 사용되는 경우가 많은데, 특히 이미지로 제시될 때 강력한 영향을 미친다. 인간의 두뇌 속성 중에서 비주얼 이미지에 대해서는 비판적 사고를 잘 하지 않는 경향이 있기 때문에 특히 비주얼을 각색하는 것은 오도된 정보를 보급하는 데 특히 강력한 수단이 된다. 편집 콘텐츠를 모방한 '네이티브 광고'의 경우 스폰서를 잘 식별할 수 없게 표시했을 경우 오도성 콘텐츠라고 할 수 있다.[39]

틀린 상황

틀린 상황False Context은 원래의 콘텐츠가 상황이 달라졌는데도 재순환되어 사용되는 콘텐츠이다. 예를 들어 2007년 베트남 지진 때 찍은 사진이 재순환되어 2015년의 네팔 지진 때의 사진으로 둔갑한 경우를 들 수 있다.[40] 이 경우 사진을 그대로 사용하지만 캡션이나 부연 설명에 나오는 글자를 바꾸기 어렵기 때문에 조작된 증거가 되기도 한다.

2018년 9월 28일 인도네시아 술라웨시섬 팔루시에 규모 7.5의 지진과 쓰나미가 강타했을 때 곧이어 규모 8.1의 또 다른 강진과 쓰나미가 또 덮칠 것이라는 가짜뉴스가 SNS를 타고 돌았다.[41] 그 SNS에 올라온 지진 피해를 보여 주기 위해 올라온 사진들은 인도네시아의 반정부 세력이 2004년의 쓰나미 때 사진들을 재사용한 것들이다.

◎ 2004년 인도네시아 쓰나미 사진이 2018년 쓰나미 때 재생된 사례

위장 콘텐츠

자신들이 만들지 않은 비디오나 이미지에 조직의 로고를 붙이거나 자신이 직접 쓰지 않는 기사에 바이라인을 붙여 위장한 콘텐츠imposter content이다. 2017년 케냐 선거를 앞두고 BBC 아프리카는 누군가가 포토샵 BBC 로고와 스트랩 라인strap line이 있는 비디오를 만들어 왓츠앱에 유포시켰다면서 위장 콘텐츠에 속지 말 것을 방송으로 내보내기도 했다.[42]

조작된 콘텐츠

조작된 콘텐츠manipulated content는 누군가를 속이기 위해 진짜 콘텐츠를 조작한 경우다. 예를 들면 특정 사진 속에 있는 인물의 얼굴 대신 다른 사람의 얼굴로 바꿔치기한 유형의 거짓 정보다.

◎ BBC 아프리카의 로고를 도용한 위장 콘텐츠 사례

인공지능 기술로 오바마 전 대통령의 얼굴을 위조한 가짜 동영상도 조작된 콘텐츠의 한 예라고 할 수 있다.[43]

◎ 2018년 4월 온라인 매체 버즈피드에 올라온 딥페이크의 한 장면.

날조 콘텐츠

전혀 있지 않았던 것을 허위로 날조한 콘텐츠fabricated content이다. 대표적인 사례가 '교황이 도널드 트럼프 후보를 지지했다'는 내용을 날조한 'WTOE 5 뉴스'의 허위정보다. 이 웹사이트는 허위정보를 전문적으로 만들어 뿌리는 곳이었는데 순식간에 소셜미디어를 타고 퍼졌고, 페이스북에서만 96만 건이 공유되었다.[44]

◎ 교황의 트럼프 후보 지지를 다룬 WTOE 5 뉴스 홈페이지

출처: http://h21.hani.co.kr

그 밖에 세계 각국에서 가짜뉴스 대체 개념으로 제시한 허위정보의 정의는 다음과 같다.

먼저 영국은 2018년 8월, 하원 디지털문화미디어스포츠위원회가 작성한 〈허위정보와 가짜뉴스〉 중간 보고서에서 가짜뉴스를 잘못된 정보와 허위정보로 구분했다.[45] 잘못된 정보misinformation는 전파하는 사람이 진실이라고 믿고 전파하는 거짓 정보이며 허위정보disinformation는 전파하는 사람이 거짓인 줄 알면서도 전파하는 거짓 정보를 말한다.

한편 하원의 권고안을 받은 영국 정부는 가짜뉴스를 허위정보라는 용어로 대체하고 그 개념을 "해를 입히거나 정치적, 사적, 재정적 이익을 얻을 목적으로 오디언스들을 속이고 오도하기 위해 제작하고 공유한 거짓되고 조작된 정보"라고 정의했다.[46]

프랑스는 2018년 8월에 발표한 〈정보 조작: 우리의 민주주의에 대한 도전〉 보고서에서 가짜뉴스를 대체해 정보 조작Information Manipulation이란 개념을 사용했다.[47] 그 의미는 '적대감을 수반한 정치적 목적을 위해 거짓되고 편향된 뉴스를 의도적이고 집단적으로 유포하는 정보'이다.

독일은 불법 콘텐츠라고 명한 것 이외에 별도의 개념 정의를 하지 않고 22개에 달하는 형법상의 항목을 그대로 적용했다.[48] 독일 형법전 제86조: 헌법에 위반된 조직의 선전수단 유포죄, 제86조a: 헌법에 위반된 조직의 표시 사용죄, 제89조a: 심각하게 국가를 위해하는 권력형 범행 예비의 죄, 제91조: 심각하게 국가를 위해하는 권력형 범행 실행 지시의 죄, 제100조a: 국가 반역적 위조의 죄, 제111조: 범행의 공개적 권유의 죄, 제126조: 범행의 위협을 통한 공적인 평화 교란죄, 제129조: 범죄 단체 구성의 죄, 제129조a: 테러 단체 구성의 죄, 129조b: 외국의 범죄 단체와 테러 단체 구성의 죄, 제130조: 국민 선동의 죄, 제131조: 폭력 표현의 죄, 제140조: 범행에 대한 보수와 찬성의 죄, 제166조: 신앙 고백, 종교 단체, 가치관 결사 비방의 죄, 제184조: 공적인 모욕 유발죄, 제184조d: 방송이나 정보 서비스를 통한 포르노 콘텐츠 제공의 죄, 정보 서비스를 통한 아동 또는 청소년 포르노 콘텐츠 요청의 죄, 제185조: 모욕의 죄, 제186조: 악의적 비방의 죄, 제187조: 명예훼손의 죄, 제201조a: 사진 촬영으로 최고의 인격적 영역을 침해한 죄, 241조: 협박의 죄, 제269조: 중요한 증거가 되는 데이터 위조의 죄에 해당하는 사항

우리나라의 경우 가짜뉴스 관련 법안은 2017년 4월 11일, 김관영 의원 등 26인이 정보통신망 이용 촉진 및 정보보호 등에 관한 법률_{이하 정보통신망법} 일부 개정 법률안으로 제시한 이후 총 10개의 법안이 발의된 바 있다. 용어는 '가짜뉴스'와 '불법 정보' 등 2개 유형으로 되어 있으며 법안 명칭은 박광온 의원_{가짜 정보 유통방지에 관한 법률안}과 강효상 의원_{가짜뉴스대책위원회의 구성 및 운영에 관한 법률안}을 제외하면 모두 정보통신망법 개정안 형태를 취하고 있다. 각 국회의원들이 개정안 발의나 별도 입법을 위해 제시한 가짜뉴스의

정의는 다음과 같다.

김관영 의원 외, 정보통신망법 일부 개정안(2017. 04. 11)
가짜뉴스: 거짓의 사실을 언론 보도의 형식으로 제공해 이용자들이 오인하게 하는 정보

주호영 의원 외, 정보통신망법 일부 개정안(2017. 04. 25)
불법 정보: 정치적 또는 경제적 이익을 위하여 고의로 거짓의 사실 또는 왜곡된 사실을 포함하는 내용의 정보와 언론중재 및 피해구제 등에 관한 법률 제2조 제15호에 따른 언론 보도로 오인하게 하는 내용의 정보

안호영 의원 외, 정보통신망법 일부 개정안(2017. 05. 30)
가짜뉴스: 정보통신망을 통해 상업적 또는 정치적으로 정보를 매개로 타자를 속이려는 기만적 의도성을 가진 행위로 수용자가 허구임을 오인하도록 언론 보도의 양식을 띤 정보 또는 사실 검증이라는 저널리즘의 기능이 배제된 가운데 검증된 사실로 포장하는 행위

이은권 의원 외, 정보통신망법 일부 개정안(2017. 07. 26)
가짜뉴스: 거짓의 사실 또는 왜곡된 사실을 언론중재 및 피해구제 등에 관한 법률 제2조 제15호에 따른 언론 보도로 오인하게 하는 내용의 정보

송희경 의원 외, 정보통신망법 일부 개정안(2017. 07. 26)
가짜뉴스: 거짓의 사실 또는 왜곡된 사실을 언론중재 및 피해
구제 등에 관한 법률 제2조 제15호의 언론 보도로 오인하게
하는 내용의 정보

이장우 의원 외, 정보통신망법 일부 개정안(2017. 09. 01)
불법 정보: 본인 또는 제3자의 정치적·경제적 이익을 위하여
고의로 거짓의 사실 또는 왜곡된 사실을 언론중재 및 피해구
제 등에 관한 법률 제2조 제15호의 언론 보도로 오인하게 하
는 내용의 정보

박광온 의원 외, 가짜 정보 유통방지에 관한 법률안(2018. 04. 05)
가짜 정보: 정부기관 등에서 명백하게 그 내용이 사실이 아니
라고 판단한 정보로 다음의 어느 하나에 해당하는 정보로 정
의함_{안제2조제1호}.

1) 언론중재 및 피해구제 등에 관한 법률 제2조 제12호에 따
   른 언론사가 유통한 정보 중 언론사가 정정보도 등을 통하
   여 그 내용이 사실이 아니라고 인정한 정보
2) 언론중재 및 피해구제 등에 관한 법률 제7조에 따른 언론중
   재위원회에서 그 내용이 사실이 아니라고 결정한 정보
3) 법원의 판결 등에 의하여 그 내용이 사실이 아니라고 판단
   된 정보

4) 중앙선거관리위원회가 허위사실 공표, 지역·성별 비하 및
    모욕으로 삭제 요청한 정보

강효상 의원 등 15인, 가짜뉴스대책위원회의 구성 및 운영에
관한 법률안(2018. 05. 09)
가짜뉴스: 정치적 또는 경제적 이익을 위하여 신문·인터넷
신문·방송 또는 정보통신망에서 생산된 거짓 또는 왜곡된
내용의 정보

김성태 의원 외, 정보통신망법 일부 개정안(2018. 07. 30)
가짜뉴스: 누구든지 정치적 또는 경제적 이익을 위하여 고의
로 거짓 또는 왜곡된 사실을 언론 보도로 오인하게 하는 내용
의 정보

박완수 의원 외, 정보통신망법 일부 개정안(2018. 10. 05)
불법 정보: 사업장의 영업을 방해할 목적으로 공공연하게 사
실이나 허위의 글을 게시 또는 전송하는 행위

이 법안들에 나오는 가짜뉴스 개념들의 공통점은 하나같이
'언론 보도로 오인하게 하는' 것과 같이 언론 보도의 형식 요건
을 기정사실화 하고 있다. 그러나 우리나라의 가짜뉴스에는 뉴
스 형식을 띠지 않은 것들도 많다. 예컨대 중앙선거관리위원회
가 19대 대통령 선거 직전에 밝힌 자료에 의하면 총 3만 1,004건

의 가짜뉴스가 적발됐지만 뉴스 형식을 띠지 않은 가짜뉴스가 대부분이었다.[49]

특히 우리나라에서 자주 나타나는 가짜뉴스에는 '받은 글', '퍼온 글', '유명인 어록' 등의 제목을 단 경우가 많고, 누가 생산하는지 불분명하며, 누가 봐도 기사체가 아닌 연예인 루머 등을 다룬 정보지의 뒷담화 형태를 띠기도 한다.

앞서 제시했던 제19대 대통령 선거 관련 투표 용지가 잘못됐다는 허위정보 역시 뉴스와는 전혀 상관이 없다. 그 밖에 뉴스 형태를 취하지 않은 허위정보도 많다. 2018년 8월 28일 자유한국당의 전신인 한나라당 소속으로 국회의원을 지냈던 강용석 변호사가 자신의 페이스북에 이런 내용의 글을 올렸다.[50]

◎ 2018년 8월 28일 강용석 변호사가 자신의 페이스북에 올린 글

 강용석 ✓
약 3주 전

겉으로는 김정은 체제보장 어쩌구 하면서 뒤로는 대한민국 국민들이 30여년 간 쌓아온 국민연금 800조를 북한과 통합하여 북한에 퍼줄 계획서까지 국민 연금공단내에서 만들어 놓았습니다.

계획서는 표면적으로는 북한의 연금체계가 어떻느니 분석하고 있지만 북한 의 연금은 법규로만 존재할뿐 쌓아놓은 재원도 없고 실제로 지급하지도 않는 허울뿐인 제도입니다. 그런데 남북한의 국민연금을 통합한다구요? 이건 전형 적으로 사기꾼들이 굿뱅크와 배드뱅크 합병을 통해 굿뱅크의 자산 빼먹는 수 법인데 남북협력을 빌미로 이런 식의 국민연금통합방안이 등장했네요.

이러니 리선권이 조명균 통일부장관과 회담에서 국민연금 800조중 200조를 북한위해 써야 되는것 아니냐는 황당한 얘기를 아무렇지 않게 내뱉을 수 있었 던것 아닐까요? 그런 얘기를 막 떠들어대니 남자 기자와는 프렌치키스를 해 대는 조명균이 수줍음을 핑계로 회담은 비공개했던 것이구요. 이 부분은 회담 내용 공개를 통한 사실관계 확인이 필... 더 보기

NEWS.NAVER.COM
[홍진수의 보복사회] 통일 되면 북한 주민들도 국민연금 가입?⋯⋯
지난달 27일 정상회담 이후 남·북한간의 화해분위기가 조성되면서 '통일'에⋯

👍 75개   👎 11개   ↗ 9개

이 내용을 정리해 보면, 국민연금공단에서 국민연금 800조를 북한에 퍼줄 계획서를 만들었는데, 통일이 되어 남북한 국민연금을 통합할 경우 북한은 통합할 연금 재원이 전혀 없기 때문에 일종의 사기라는 내용이다. 그리고 이를 근거로 북한의 리선권 조국평화통일위원장이 조명규 통일부장과과 회담에서 "국민연금 880조 중에서 200조를 북한을 위해 써야 한다고 말했다"는 것이다.

그런데 이 내용을 하나하나 뜯어보면 사실과 동떨어져 있다. 먼저 국민연금공단에서 국민연금 800조를 북한에 퍼줄 계획서를 만들었다고 했는데 이것부터 사실이 아니다. 여기에서 800조 원이라는 액수의 등장은 국민연금공단의 산하기관인 국민연금연구원에서 2017년 12월에 발간한 보고서 〈한반도 통일에 대비한 남북연금 통합 기본계획 연구〉와 관련이 있다.[51] 국민연금연구원은 이 연구에서 통일 이후 북한 지역의 체제 전환과 대량 실업 문제 등 경제적 후폭풍을 고려해 연금 통합 계획을 세워야 한다고 분석했다. 북한과의 소득 격차 등 연금 통합 환경을 신중하게 살펴봐야 하며, 급진적 통일과 점진적 통일의 경우 모두 연금 통합에 통일 정부의 국고 보전이 필요하다고 전망했다.

하지만 보고서는 통일 이후 국민연금 재정 회계는 남한과 북한을 분리하고 북한 지역은 적립 방식이 아닌 완전 부과식을 적용할 것으로 제안했다. 재정 적자가 발생하는 부분은 통일 정부가 국고로 부담할 것으로 전망했다. 보고서는 남·북한 연금 재정회계를 통합하지 않고 분리 운영할 것으로 제안한 것이다. 그런데 이 내용이 갑자기 국민연금 북한 퍼주기로 둔갑한 것이다.

게다가 이 연구는 남북한이 통일된 상황을 전제로 하고 있다. 강 전 변호사의 주장처럼 '북한 김정은 정권에 퍼주기'가 아니라 '통일 한국의 연금 통합 계획' 연구이다. 보고서의 결론은 "급진 통일 시에는 현행 연금 체계를 거의 그대로 적용하고, 점진_{절충} 통일 시 현 체계와는 크게 다른 신연금 체계의 적용을 전제로 구체적인 연금 통합 계획 수립해야 한다"이다. 심지어 보고서에는 "본 보고서에 수록된 모든 내용은 어디까지나 저자들의 의견이며, 공단의 공식 견해가 아님을 밝혀 둔다."라고 되어 있다.

강 변호사가 주장한 내용은 대부분 틀렸다. 30년간 쌓아온 국민연금은 800조 원이 아니다. 국민연금기금운용본부에 따르면 2018년 6월 현재 기금적립금은 635조 5,000억 원이다. 리선권 위원장이 조명균 통일부 장관에게 200조 원을 요구했다고 주장했지만 역시 근거가 없다.[52]

그런데 이 글이 나오기까지 여러 단계를 거쳤다. 경상북도 청송에 있는 한 부동산 업자의 블로그에 이와 관련된 게시글이 먼저 올라왔다.[53] 이 글이 다시 '남·북한 국민연금 통합'이라는 제목으로 유튜브에 올라왔다. 유튜브 동영상은 크게 두 개의 글로 구성되어 있다.[54] 전반부의 글은 극우성향의 '일간베스트_{일베}' 게시물에서 가져온 것으로 보인다.[55] 그런데 그 일베 게시물은 583명이 가입되어 있는 개신교 관련 카페를 출처로 링크하고 있다.[56] 이 카페의 해당 글은 허위정보가 많이 공유되는 온라인 커뮤니티나 카페, 블로그에서 쉽게 찾을 수 있다.[57]

이 글은 다시 8월 19일과 21일 뉴스타운이라는 인터넷 뉴스의 소재로 활용됐다. 이러한 과정을 거쳐서 강용석 전 의원을 비롯, 카톡방, SNS로 확산되었다. '근거 없는 일방적인 주장→ 주장을 근거로 의혹 제기→ 의혹을 사실로 단정한 비판→ 가짜뉴스로 공유 확산'이라는 단계를 거치고 있다. 이 사례 역시 '뉴스 형식을 띤'이라는 기준이 필수조건이 아님을 보여 준다.

한편 법무부는 기존에 사용했던 가짜뉴스란 말을 허위조작정보로 수정하고 '객관적 사실관계를 의도적으로 조작한 허위의 사실'로 개념화했다.[58] 허위조작정보는 객관적 '사실관계'를 '의도적'으로 조작한 허위의 사실을 의미하고, "객관적 사실에 대한 다양한 '의견' 표명이나 실수에 의한 '오보', 근거 있는 '의혹' 제기 등은 이에 해당하지 않으므로 표현의 자유와 상치되지 아니하며, 오히려 허위조작정보는 국민의 알권리와 표현의 자유를 침해하는 것이다."라고 홈페이지에 밝혔다.

그러나 법무부에서 사용한 용어는 허위와 조작이라는 유사한 의미의 용어를 병렬함으로써 더 복잡해진 측면이 있다. 표준 국어대사전에 따르면 허위는 '진실이 아닌 것을 진실인 것처럼 꾸민 것'이라는 의미를 가진다. 조작은 '어떤 일을 사실인 듯이 꾸민 것'이다. 즉 중복된 의미를 사용하고 있는 셈이다.

지금까지 살펴 본 가짜뉴스의 개념, 용례, 문제점 및 영국 등의 외국 사례들을 종합할 때 가짜뉴스의 대체 용어는 허위정보가 적절하고 그에 대한 개념적 구성 요소는 '유해성', '의도성', '거짓 정보'로 구분할 수 있다. 이를 기초로 허위정보는 '타인에게 해를 입히거나 정치적 해를 입힐 목적으로 혹은 경제적 이익을 위해 의도적으로 만든 거짓 정보'로 정의할 수 있다. 다만 허위정보의 책임 소재를 따지기 위해서는 유해성의 정도, 고의나 과실의 수준, 허위조작정보를 생산하거나 유통시키는 매체의 성격, 거짓 혹은 허위의 정도 등을 고려할 필요가 있다.

이러한 기준을 적용할 때 언론에 의한 보도는 허위정보의 범주에서 벗어난다. 언론 보도는 사실을 전제로 보도하거나 게이트 키핑 등의 과정을 거치면서 최소한 사실 확인 과정을 거친다는 것을 전제하므로 세 가지 개념 요소 중 '의도성'과 '거짓 정보'와 거리가 있을 수 있기 때문이다. 그러나 언론의 보도라 할지라도 사실 검증의 과정을 전혀 거치지 않고 타인에게 해를 입힐 목적으로 의도적으로 거짓 정보를 기사화했다면 그 기사는 허위정보에 포함될 수 있다. 다만 언론이 허위정보를 게재했다면 기존의 언론 관련 법에 근거해서 그 책임 소재를 가릴 수 있을 것이다.

풍자나 패러디의 경우 그 정보를 만든 주체가 게시된 정보가 풍자나 패러디임을 인지할 수 있게 했다면 그것은 허위정보에서 제외된다.

02

허위정보는 왜 그렇게 빨리
확산되는가?

가짜뉴스의 원인은 바로 우리 자신이다.

- 바실리 가토브

흔히 허위정보는 선거나 헤게모니를 위한 정당 간의 정쟁 등 정치적 상황에 주로 나타나는 현상으로 생각하기 쉽다. 이런 이유 때문에 일반 시민들은 허위정보를 남의 일로 생각하는 경우가 많다. 그러나 거짓 정보나 허위정보는 이미 우리의 일상을 파고들고 있다.

　연세대 바른아이시티(ICT)연구소가 2018년 11월에 전국의 20세 이상 성인 남녀 1,312명을 대상으로 조사한 자료에 의하면 '가짜뉴스'에 대해 들어본 적이 있다고 응답한 이들은 88.6%, 실제로 가짜뉴스를 봤다고 응답한 이들은 60.6%로 나타났다.[1] 또 88.8%가 "가짜뉴스 문제가 심각하다"고 응답했다.

　또 유럽연합 집행위원회가 2018년 3월 12일 발표한 자료를 보면 EU 회원국 국민의 37%가 '(거의)매일 접한다'고 응답했고 31%는 '일주일에 한 번 이상', 그리고 12%는 '한 달에 여러 번' 접촉하는 것으로 나타났다가 12% 등으로 나타났다.[2] 이러한 결과들은 거짓 뉴스 혹은 허위정보가 일상화되어 가고 있음을 시사하는 부분이다.

◎ 실제와 다른 혹은 거짓된 정보를 얼마나 접촉했습니까?

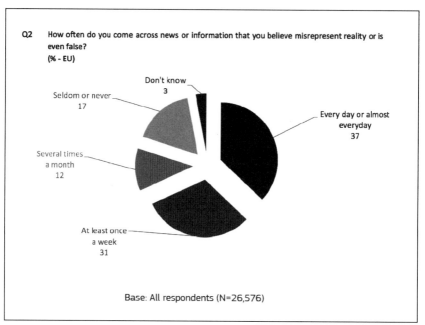

Q2 How often do you come across news or information that you believe misrepresent reality or is even false?
(% - EU)

Don't know
3

Seldom or never
17

Several times
a month
12

At least once
a week
31

Every day or almost
everyday
37

Base: All respondents (N=26,576)

출처: European Commission.(2018). op.,cit.

그렇다면 가짜뉴스는 왜 이렇게 빨리 그리고 더 광범위하게 전파, 공유되는가. 그 이유는 여섯 가지 차원에서 생각해 볼 수 있다.

1

정보 환경의 변화와 소셜 미디어 및
1인 미디어의 확산

소셜 미디어 이용 확산에 따른 정보 환경의 변화는 허위정보를 빠르고 광범위하게 확산시키는 주요 기반으로 작용했다.

소셜 미디어는 우선 그 확산력에서 과거의 어떤 매체와도 비교할 수 없을 정도로 빠르고 광범위하게 유통되는 특성을 가지고 있다. 미국 매사추세츠공과대학MIT 슬로안 경영대학원의 사이넌 아랄Sinan Aral 연구팀은 진짜 뉴스와 가짜뉴스의 확산 정도를 비교하기 위해 2006년부터 2017년까지 300만 명의 트위터 사용자가 공유한 12만 6,000개의 뉴스 항목을 조사했다.[3] 연구팀은 팩트 체크 기관 6곳에 의뢰해 뉴스의 진실성을 판명하기 위해 6개 팩트 체크 기관들에 그 진실성을 의뢰한 결과, 95% 이상 일치하는 것들이었다.

이를 토대로 진짜 뉴스와 가짜뉴스의 확산 정도를 비교 분석한 결과, 가짜뉴스는 진짜 뉴스보다 리트윗되는 비율이 70%가량

높았다. 또 가짜뉴스의 전파 속도는 진짜보다 최대 20배가량 빨랐다. 진짜 뉴스는 1,000명 이상의 트위터 이용자에게 전달되는 경우가 흔하지 않았지만 가짜뉴스 중 상위 1%는 적게는 1,000명에서 많게는 10만 명에게까지 전달됐다. 1,500명에게 전달되는 속도를 비교한 결과 진짜 뉴스는 가짜뉴스보다 6배 더 많은 시간이 걸렸다. 이런 패턴은 정치, 연예, 경제를 비롯한 여러 뉴스 카테고리에서 공통으로 나타났는데, 특히 정치적 이슈와 관련된 가짜뉴스의 전파력이 다른 가짜뉴스들보다 약 3배 정도 더 빨랐다.

이렇듯 빠른 전파성과 함께 동질성을 추구하는 소셜 미디어의 관계적 특성도 크게 작용한다.[4] 소셜 미디어에서는 이용자가 정치적 지향이 다른 의견을 회피하는 경향이 두드러지게 나타난다. 역으로 정치적 의견이나 이념이 같은 사람들이 폐쇄된 공간에서 커뮤니케이션을 하게 되면 가짜뉴스의 효과가 더 증폭되는 현상이 발생한다.[5] 이런 경향은 선거나 정치적 갈등이 불거질 때 더 뚜렷하다.

이렇게 볼 때 동질적인 네트워크 내에서 이루어지는 소통은 가짜뉴스를 비롯한 허위정보가 확산되는 주요 공간이 되고, 가짜뉴스 효과뿐만 아니라 실제 뉴스에 대한 상대적 우위효과까지 나타나게 된다. 특히 노년층이나 보수적 이념층이 카카오톡과 같은 폐쇄적 플랫폼을 적극적으로 이용하면서 확증편향이 증폭되고 가짜뉴스 현상이 확산되는 것도 이런 맥락으로 이해할 수 있다.[6]

또 소셜 플랫폼을 통해 뉴스를 이용할 때는 생산 주체의 신뢰도나 전문성 등 정보원 단서source cues보다 해당 뉴스를 공유한 사람이나 관계social cues의 영향력이 더 크게 작용한다. 따라서 소셜 플랫폼은 진실성이 취약한 가짜뉴스라 하더라도 일단 일정 수 이상의 사람이 공유하기 시작하면 일파만파 퍼져 나갈 수 있는 구조적 특성을 가지고 있다.[7]

소셜 미디어가 사람들 간의 관계의 유지나 확장에 필수품이 되는 것은 물론 기존의 미디어보다 더 활발한 뉴스 및 정보 채널로 이용하고 있다. 시점에서 기존의 미디어보다 가족이나 친구 그리고 이념 지향성이 같은 사람들의 말을 더 믿기 때문에 소셜 미디어에서 공유되는 정보에 의문을 달지 않는 경향도 허위정보를 빠르게 확산시키는 요인이 된다.

2

뉴스 플랫폼의 다변화와
전통 뉴스 미디어의 신뢰도 하락

뉴스 플랫폼의 다변화와 함께 경쟁이 가열되면서 전통적인 뉴스 미디어의 신뢰도 하락도 가짜뉴스 확산에 큰 영향을 미쳤다.

기존의 언론사 외에 수많은 뉴스 플랫폼의 등장, 24시간 지속되는 뉴스 제작 사이클로의 전환은 뉴스 미디어 시장 환경을 변화시켜 언론 고유의 역할인 저널리즘을 강조하기보다는 수익 창출 동기를 더 우선시하게 만들었다. 이를테면 인터넷 뉴스 이용자들의 관심을 끌기 위해 뉴스 미디어에서 자주 활용하는 클릭베이트나 네이티브 광고 그리고 기사형 광고 등은 성격은 다소 다르지만 사실을 오도하는 정보로 작용하고 있다. 결과적으로 저널리즘 콘텐츠의 질도 하락하면서 가짜뉴스의 확산을 낳게 하는 원인으로 작용했다.[8]

최근 뉴스 소비 행태를 보면, 주요 신문이나 방송 등 뉴스 사이트에서 직접 뉴스를 읽기보다 페이스북 등 소셜 미디어를 통해 뉴스를 접하는 비중이 크게 증가하고 있다.[9] 퓨리서치 센터의 연구에 의하면, 미국의 경우 성인의 62%가 소셜 미디어를 통해 뉴스를 접하는 것으로 나타났다.[10]

허위정보는 사실과 의견의 경계가 무너지고 사실과 의견이 뒤섞이는 상황에서 두드러지게 나타나는 특징을 갖는다. 사실과 의견의 경계가 무너지는 이런 현상은 이제 뉴스 미디어에도 일상화되고 있다. 과거 뉴스 미디어는 사실과 의견을 명백하게 구분했다. 그래서 뉴스의 유형도 사실을 중심으로 한 스트레이트 기사, 의견 중심의 피처 기사로 구분됐다.

그러나 이젠 그런 구분이 사라지고 있다. 예를 들면 과거엔 신문의 1면에 나오는 기사는 아무리 뉴스 가치가 높다 하더라도 사실 중심으로 기술하는 것이 일반적이었다. 굳이 해설이나 가치 판단을 필요로 하는 경우에는 별도의 기획기사나 칼럼에서 다루었다. 그뿐만 아니라 자사 주장의 정당성을 위해 사실에 기초하지 않는 의견이나 주장을 하는 경우도 허다하다. 24시간 속보 시스템 혹은 다른 뉴스 및 온라인 플랫폼들과의 경쟁 때문에 불가피한 측면이 있기는 하지만, 이 과정에서 사실 확인이 누락된다거나 편향된 내용으로 변질되는 경우도 많다.

이와 함께 오디언스들이 특히 비즈니스 모델만을 강조하는 언론사 및 언론인들을 불신하는 경향도 늘어났다. 언론사 입장에서 볼 때 빈곤의 악순환이 계속되고 있는 셈이다. 이런 가운데 전통 미디어의 신뢰도 하락은 더 크게 나타났다. 글로벌 PR 기업인 에델만이 조사한 바에 따르면 2012년에서 2017년 사이 우리

나라 분야별 미디어 신뢰도에서 전통 미디어의 신뢰도 하락 폭
이 16%에 이를 정도로 높게 나타났다.[11]

◎ 일반 뉴스 및 정보에 대한 각 출처의 신뢰도(%)

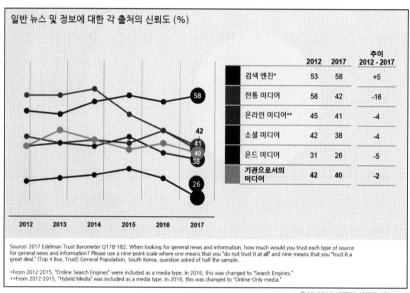

◎ 허위정보 확산에 가장 책임이 큰 곳은?

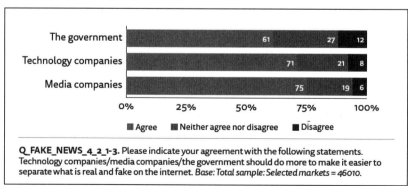

영국의 로이터저널리즘연구소가 밝힌 자료에 의하면 가짜뉴스 혹은 허위정보의 확산에 가장 큰 책임이 있는 곳은 미디어 기업75%이었으며, 그 뒤를 이어 온라인 플랫폼과 같은 기술기업들 71%, 그리고 정부61%의 순으로 나타났다.[12] 이같은 결과들은 주류 언론의 편파 보도나 부정확한 보도가 허위정보 확산의 중요한 원인이 되고 있다는 것을 보여 준다.

3

정보 과다로 인한 주의 집중력 저하와
인지적 편향성 심화

셋째, 정보 과다에 따른 인지적 주의집중력의 약화와 확증편향 현상의 심화도 허위정보 확산의 중요한 요인으로 지적할 수 있다.

러시아 출신 언론학자이자 미국 사우스 캐롤라이나대학 언론학 교수인 바실리 가토브Vasily V. Gatov는 2017년 베를린에서 개최된 세계신문발행인협회 강연에서 "가짜뉴스의 원인은 바로 우리다"라고 간단명료하게 정리했다.[13] 그에 따르면, 인간은 이성적으로 완벽한 생명체가 아니며 가짜뉴스는 '인간의 이성적 불완전성'을 파고들어 피어나며 과거부터 인간과 함께 해왔다.

인디애나대학의 컴퓨터 과학자 필리포 멘체Filippo Mencze 교수 등은 "인간의 불완전한 주의집중 범위attention span가 가짜뉴스 확산의 원인이 되었다"라고 주장한다.[14] 여기에서 주의집중 범위란 짧은 시간 안에 많은 수의 글자 혹은 숫자가 제시되었을 때한 번에 파악할 수 있는 글자 혹은 숫자의 수를 말한다.

즉 인터넷상에 정보가 범람하고 손쉽게 정보를 접할 수 있게 되었을 뿐만 아니라 다양한 멀티미디어의 발달로 한꺼번에 여러 가지 것을 동시에 처리하게 하는 멀티태스킹 환경은 사람들이 일정한 범위 내에서 주의를 집중할 수 있는 한계를 넘게 만들었다. 이러한 환경은 외부의 정보 처리에 작용하는 자동화 과정, 즉 인지적 지름길만을 고집하는 현상을 더 촉발시켰다. 즉 이미 익숙하고 관성화된 인지 처리 과정을 더욱 촉발시킨 것이다. 이 과정에서 주제와 관련된 사실이나 데이터는 무시된다.

결과적으로 사고와 문제 해결 과정에 있어서 자신의 신념 혹은 선호 가설을 뒷받침해 주는 정보만을 선택적으로 활용하는 확증편향confirmation bias 현상을 심화시켰다.[15] 확증편향이란, 사고와 문제 해결 과정에 있어서 자신의 신념 혹은 선호 가설을 뒷받침해 주는 정보만을 선택적으로 활용하는 무의식적인 인지 과정으로 사실과 의견의 혼동, 즉 의견도 사실로 믿는 경향을 낳게 만든다.[16]

게다가 소셜 미디어 플랫폼은 개인화된 검색 결과물을 필터 버블filter bubble을 제공하고 있다. 필터링을 거친 정보에만 제한적으로 노출되는 정보 이용자들은 자신도 모르는 사이에 정보 편식을 하게 되고 가짜뉴스는 온라인 정보 제공자의 알고리즘을 타고 이용자의 구미에 걸맞은 정보로서 소비될 가능성이 증대된다.

문제의 한 원인으로서 인지적 편향성은 가짜뉴스에 대한 규제와 관련하여 중요한 의미를 가진다. 흔히 가짜뉴스 문제를 논할 때 빠짐없이 등장하는 것이 사상의 자유시장론이다. 영국의 철학자 존 밀턴은 1644년에 출판물을 통제하기 위해 선포된 영국 왕실의 면허령을 반박하는 글,《아레오파지티카》에서 아래와 같이 사상과 표현의 자유를 강조했다.[17]

"…진리의 오묘함을 보라. 진리는 특정한 논리나 사고의 방법에 묶여 있을 때보다 자유롭고 자율적일 때 더 빨리 자신을 드러낸다. …(중략) 진리와 허위가 맞붙어 논쟁하게 하라. 누가 자유롭고 공개적인 대결에서 진리가 불리하게 되는 것을 본 적이 있는가. 진리를 향한 논박이 허위를 억제하는 가장 확실하고 좋은 방법이다."

존 스튜어트 밀 역시 1859년에 출판한 저서《자유론》에서 "남에게 해를 끼치지 않는다면 사상과 표현의 자유를 무조건적으로 누릴 수 있어야 한다"라고 주장했다.[18]

사상의 자유시장 이론의 근간을 이루는 이 두 철학자의 주장은 표현의 자유와 관련하여 두 가지 점에서 큰 의미를 가진다. 하나는 진리를 발견하는데 있어 자유로운 의혹 제기와 비판이 중요하다는 것이고, 다른 하나는 권력이 비판을 억제하기 위해 표현의 자유를 억누를 가능성이 늘 있기 때문이다. 가짜뉴스 규제를 반대하는 사람들은 이를 근거로 "가짜뉴스가 아무리 거짓되고 조작된 것이라 해도 규제해선 안 된다"라고 주장한다. 그러나 이는 최소한 세 가지 면에서 오류를 내포하고 있다.

첫째, 사상의 자유시장 이론은 기본적으로 '인간은 이성적 존재임'을 전제하지만 허위정보에 대한 수용과 반응은 편견과 감정적 메커니즘을 따라 작동한다. 즉 사람들이 허위정보에 반응할 때도 합리적 의심이나 비판적 사고를 할 수 있다면 선과 악을 구분할 수 있고 궁극적으로 진리가 승리할 수도 있다. 그러나 허위정보가 사람들의 마음을 쉽게 파고드는 이유는 그것을 이성적으로 생각하지 않고 자신의 고정관념에 의해 자동으로 받아들이는 인지적 편향성과 감정적 반응 때문이다. 이성적 존재를 전제하는 사상의 자유시장 논리가 허위정보에 적용될 수 없는 첫 번째 이유다.

둘째, 사상의 자유시장에서 말하는 사상과 허위정보는 그 속성과 상황적 배경이 전혀 다르다. 사상의 사전적 의미는 어떤 사물에 대한 구체적인 사고나 생각이다. 미국 트로이대 다니엘 슈터Daniel Sutter 교수의 말을 빌면, 사상은 정보와 가치 판단이 혼합된 말이다.[19] 그렇다면 가짜뉴스도 일종의 정보인데, 그건 어디서 오는 것인가. 《아레오파지티카》가 작성될 당시에는 오늘날의 신문과 같은 매체가 존재하지 않았고 《자유론》이 집필될 때는 신문이 유일한 매스미디어였다. 즉 사회현상 자체가 오늘날처럼 복잡다단하지 않았을뿐만 아니라 시민들이 편향된 미디어의 정보를 접할 기회가 제한된 상황이었다.

그러나 가짜뉴스가 횡행하는 지금은 수많은 뉴스 플랫폼을 통해 뉴스와 정보를 접한다. 문제는 그 뉴스를 제대로 읽기가 쉽지 않을 뿐 아니라 편향돼 있다는 것이다. 객관적 데이터마저도 뉴스 미디어 자사 입맛에 맞게 비트는 경우가 허다하다. 이게 한두 번도 아니고 한두 매체만의 문제도 아니다. 그래서 뉴스 미디어 신뢰도는 이미 바닥을 기고 있다. 과거 공정한 언론의 대명사였던 뉴욕타임스나 워싱턴포스트마저도 편향되었다고 보는 사람들이 늘어나고 있다.[20] 시민들이 이렇듯 편향된 정보를 가지고 판단해야 하는 상황에서 사상의 자유시장은 들어설 자리가 없다.

셋째, 유해성의 문제이다. 밀이 《자유론》에서 사상의 자유를 논했지만 '남에게 해를 입혀서는 안 된다'는 한 가지 단서를 달아 놓았다. 가짜뉴스 개념에 대해 말이 많지만 누구나가 인정하는 기준 중의 하나는 '타인에게 해를 입힐 목적'이다. 거짓이나 조작까진 용인할 수 있지만, 남에게 해를 입히면 사상과 표현의 자유를 보호받을 수 없다는 말이다.

4

수익성 있는 비즈니스로서의 잠재력

넷째, 최근 들어 가짜뉴스는 수익형 비즈니스 모델의 잠재력을 보여 주고 있다. 가짜뉴스 문제가 본격적으로 불거진 2016년 미국 대선 때만 하더라도 정치적 동기가 크게 작용했다. 그러나 점차 시간이 지나면서 경제적 동기를 가진 가짜뉴스 생산이 늘어나고 있다.

영국 신문 가디언에 따르면 마케도니아에서만 약 150여 개의 웹사이트들이 미 대선과 관련된 가짜뉴스들을 생산했으며, 이들은 트럼프 마니아들을 상대로 주로 페이스북을 이용한 '낚시질'clickbait로 트래픽을 올렸다.[21] 즉 이들은 애초 정치적 이유로 가짜뉴스를 생산하는 것은 아니며, 독자들의 관심을 끌 거짓 기사를 퍼뜨려 사이트 광고 수익을 올리는 것이 주목적이다.

《와이어드wired》의 사만다 수브라마니안Samantha Subramanyan 기자는 르포기사를 통해 보리스라는 가명의 언론사 사장이 자신이 어쩌다 가짜뉴스 사업을 시작했고 수익은 얼마나 올렸는지를 자세히 전해준다. 2016년 대선을 앞둔 어느 날, 보리스는 트럼프가 자신과 의견이 다른 유권자를 폭행했다는 기사를 온라인 어딘가에서 읽었다. 가짜뉴스였다. 이 기사를 퍼다가 자신이 운영하던 웹사이트에 올리고, 페이스북에도 링크를 올렸는데, 페이스북 포스팅은 800회 가까이 공유되고 웹사이트 트래픽이 급격히 늘어나면서 광고로 그달에만 150달러를 벌었다. 마케도니아 직장인의 평균 월급이 371달러임을 감안하면 큰돈이었다.

보리스는 아예 고등학교를 중퇴하고 가짜뉴스 사업에 본격적으로 뛰어든다. 2016년 8월부터 11월까지를 가짜뉴스 사업의 적기로 보고, 웹사이트 수십 개를 만들어 가짜뉴스를 쏟아냈다. 넉 달 동안 올린 광고 수입은 1만 6,000달러. 마케도니아 직장인이 3년 6개월을 꼬박 일해야 벌 수 있는 돈이었다. 보리스 같은 사람은 다른 데도 얼마든지 더 있었다. 실제로 2016년 대선 기간 페이스북에서 가장 많이 공유된 가짜뉴스 10개 중 4개는 루마니아에 사는 24세 남성이 만들어 낸 것이었다.

최근 우리나라에서도 유튜브 등의 1인 미디어는 투자 대비 수익성이 높은 비즈니스 모델로 인기를 끌고 있다. 유튜브 통계 사이트인 소셜블레이드에 의하면 조갑제TV는 월간 최대 1만 4,600달러약 1,648만 원를 벌어들일 것으로 추정되고 있다.[22] 또 소셜블레이드는 정규재TV는 월간 최대 2만 1,100달러약 2,382만 원, 황장수의 뉴스브리핑은 월간 최대 4만 3,200달러약 4,877만 원를 버는 것으로 전망했다.

주요 보수 우파 유튜브 채널 현황   단위 : 만명, 자료 : 유튜브

채널 이름	주요 인물	구독자 수 (만명)
신의한수	신혜식 독립신문 대표	31.5
정규재TV	정규재 펜앤드마이크 대표	29.4
황장수의 뉴스브리핑	황장수 미래경영연구소장	26.1
조갑제TV	조갑제 조갑제닷컴 대표	16.3
고성국TV	고성국 정치평론가	12.9
MFN 엄마방송	주옥순 엄마부대 대표	8.6
미디어워치TV	변희재 미디어워치 대표	7.9
TNJ 진정방송	정미홍 전 아나운서	6.3

2018년 11월 10일 기준

5

비판적 사고가 배제된
실용주의 중심의 교육 환경

다섯째, 교육 시스템에서 실용주의 중심의 경쟁을 강요함으로써 교육과정에서 비판적 사고력과 미디어 리터러시 능력, 그리고 시티즌십 교육에 대한 노력을 줄인 것도 허위정보 확산의 중요한 요인이 되었다.[23]

뉴질랜드 오클랜드대학의 마이클 피터스Michael Peters 교수는 〈탈진실 시대의 교육〉이란 주제의 칼럼에서 비판적 사고력 교육에 대한 배제가 민주주의를 위기로 몰아넣고 있다는 우려를 표했다.[24] 그는 "현재까지의 교육 체계에서 비판성은 회피되거나 무시되어 왔다. 그리고 비판성이 있어야 할 자리는 협소한 개념의 표준, 그리고 도구적이고 실용주의적인 교수법이 그 자리를 대체했다"라고 주장했다. 그리고 "만약 참여 민주주의를 위한 비판적 시티즌십 이슈 교육이 직업훈련과 동일시되거나 낮게 평가된다면 앞으로 우리 사회의 민주주의는 더욱 후퇴할 것이다"라고 지적했다.

미디어생태학이란 용어를 처음 사용한 교육학자 닐 포스트만은 과학기술의 발전에 따라 교육이 실용주의적인 기능 전수의 수단으로 전락하고 있으며, 그에 따라 물신주의에 바탕을 둔 '기능적이고 효율적인' 인간들이 탄생하고 있다고 비판했다.[25] 즉 학교에서 비판적 사고방식이나 판단력을 교육하기보다는 문제에 대한 기계적인 해결만을 강요하여 학생들로 하여금 기술에 대한 맹목적 믿음을 가지게 했다는 것이다. 이에 따라 정보의 면역체계가 무너진 문화적 AIDSAnti-Information Deficiency Syndrome 상황에 놓이게 되었다고 비판했다.

허위정보가 본격적으로 대두된 2016년 이전에도 정보의 홍수 시대를 대비해 시민성 교육, 미디어 리터러시 교육, 그리고 비판적 사고력 교육에 대한 필요성은 지속적으로 제기되었지만 교육 현장에서 이런 요구는 외면되어 왔다.[26]

이런 가운데 디지털 테크놀로지의 발달과 함께 4차 산업혁명 시대의 도래를 앞두고 이에 대비한다는 명제 아래 디지털 기능에 대한 요구가 더욱 커지면서 코딩 교육이나 소프트웨어 교육이 강조되지만, 여전히 컴퓨터 정보 기술의 습득과 기능적 활용에 초점이 맞춰져 있다.[27] 오히려 더 필수적이 되어야 할 비판적 사고력 교육이나 인문학 교육은 여전히 도외시되고 있는 셈이다. 결과적으로 점점 더 복잡해지고 있는 정보 현상과 학생들에게 제공되는 교육 사이의 간극은 가짜뉴스 혹은 허위정보의 창궐과 확산을 더욱 부추기고 있다.[28]

6

AI를 이용한 딥페이크 등
무한 복제 기술의 발전

여섯째, 인공지능을 포함한 디지털 기술의 발전은 복제 가능한 허위정보의 확산 가능성을 더욱 높이고 있다. 2017년 12월 '딥페이크'deep fake라는 아이디가 인공지능 기술을 활용한 유명 연예인의 위조 영상물을 인터넷에 공개했다.[29] 스칼릿 요한슨Scarlett Johansson, 엠마 왓슨Emma Watson 등 유명 영화배우의 얼굴을 성인 영상물에 합성했는데 진위 식별이 거의 불가능한 수준에 이를 정도였다.

또 2018년 4월에는 미국의 온라인 매체인 버즈피드가 오바마 전 미국 대통령이 "트럼프는 전혀 쓸모없는 인간이야complete dipshit."라고 욕하는 모습이 담긴 동영상이 올라와 세계를 깜짝 놀라게 했다.[30] 이 영상을 만들어 낸 미디어 합성 알고리즘에는 오바마 대신 그를 흉내 낸 배우 조던 필Jordan Peele의 음성 녹음이 사용되었다. 결과는 놀랍도록 사실적이었다. 이 역시 인공지능 기술을 이용한 가짜였다.

딥페이크는 실제처럼 보이고 들리는 허위 동영상 혹은 오디오 녹음본이다. 얼마 전까지만 하더라도 CIA와 같은 정보기관이나 할리우드의 특수효과 업체 정도만 만들 수 있었지만, 지금은 누구든 딥페이크 소프트웨어를 다운로드해서 진짜처럼 보이게 하는 동영상을 쉽게 만들 수 있다.[31]

구글 역시 2018년 5월, 연례 개발자 대회I/O 에서 사람의 목소리를 완벽하게 흉내 내는 인공지능 음성 서비스 듀플렉스를 공개했다. 미용실과 식당에 전화를 걸어 상대의 질문과 답변에 자연스럽게 응대하고 주어진 과업을 완수하는 인공지능을 누구도 알아채지 못했다.

플로리다의 공화당 상원의원이자 2016년 대선 경선후보였던 마르코 루비오Marco Rubio 는 딥페이크를 핵무기에 비교하기도 했다. 그는 2018년 7월 상원 법사위 청문회에서 "과거에는 미국을 위협하려면 항공모함 10대와 핵무기 그리고 장거리 미사일이 필요했다. 그러나 지금은 인터넷 시스템과 뱅킹 시스템, 전기 그리드, 인프라를 해킹하면 된다. 진짜 같은 가짜 동영상을 만들어 선거를 망치고 엄청난 위기를 조장하며 우리 사회를 혼란하게 할 수 있다"라고 말했다.[32] 물론 일부 과장된 측면도 있다.

만약 이런 기술들이 활용되어 대통령 연설이나 악의적인 혐오표현을 유포할 경우 크고 작은 선거는 물론 주식시장에서 폭등락, 폭동과 소요 등 재앙적 결과로 이어질 수 있다. 빅데이터 알고리즘을 이용해 개인정보를 빼내고 가짜뉴스 배포 통로로 활용했던 캠브릿지 애널리티카에 이어 인공지능을 활용한 딥페이크 기술의 진화는 허위정보의 끝이 어디까지 갈지 가늠조차 할 수 없게 만들고 있다.

03

허위정보의 현재적,
잠재적 영향은?

거짓말은 처음에는 부정되고, 그 다음에는 의심받지만,
되풀이하면 결국 모든 사람이 믿게 된다
- 파울 요제프 괴벨스

1

확증편향과 집단적 배타 의식 증폭

첫째, 정보의 폭증 현상과 함께 나타나는 허위정보는 보고 싶은 것만 보고 믿고 싶은 것만 믿게 하는 확증편향을 강화시키고 집단적 배타 의식을 증폭시킨다. 특히 소셜 미디어를 통해 나타나는 허위정보는 그 이슈와 직간접적으로 관련이 있는 집단 구성원들이 따라야 하는 규범적 의견과 행위를 잘 보여 준다. 따라서 사실이나 집단 내 차이는 무시되고 극단화된 형태의 집단 동일시 현상이 나타난다.[1]

제주도 예멘 난민 문제를 둘러싼 논란과 갈등은 허위정보가 집단 간 배타감을 유발시킨 전형적인 사례다. 난민 문제는 우리나라뿐 아니라 이미 국제적인 이슈로 자리 잡은 지 오래다. 외국 난민들이 우리나라에 체류한다는 것 자체가 부담스러울 수 있지만 그에 대한 처리는 국제법과 국내의 관계법과 관행에 따르면 될 일이었다. 그러나 '정부가 예멘 출신 난민 신청자에게 1인당

138만 원을 지급한다', '스웨덴, 난민으로 성폭행 1,400% 증가' 등과 같은 가짜뉴스가 확산되었다.[2] 이러한 가짜뉴스는 이 문제에 무심하거나 중립적인 사람에게까지 집단적 배타심을 촉발시켰고 다양한 경로를 통해 사실이 아니라고 밝혀졌지만, 청와대 국민 게시판에 71만 4,875명의 동의를 받기에 이르렀다.[3] 여기에서 더 나아가 오프라인상의 시위로 이어지면서 극심한 갈등으로 이어졌다.

◎ 청와대 국민청원 게시판에 올라온 난민 관련 청원

출처: http://www1.president.go.kr

허위정보가 극단적인 집단 배타심을 불러일으키고 결과적으로 대량 학살의 촉매제가 된 사건이 바로 미얀마 로힝야족 집단 학살이다. 군부독재 시절 제한적인 정보만 접했던 미얀마인들은 새로운 정권의 수립과 함께 2013년 스마트폰의 'SIM 카드'에 대한 규제가 풀리면서 가격이 폭락하자 누구나 쉽게 인터넷을 이용할 수 있게 됐다.[4] 특히 유일하게 미얀마어 서비스를 지원하는 페이스북으로 사용자가 몰렸다. 현재 미얀마 인구 5,300만 명 중 1,800만 명가량이 페이스북을 일상적으로 사용하고 있다. 미얀마 국민들에게 유일하면서도 가장 보편적인 통신 수단이 된 셈이다.

그러나 2017년 8월, 미얀마 군부의 로힝야족 학살이 시작된 후 페이스북은 '혐오 폭탄'의 촉매가 됐다. 수천 명의 로힝야족이 목숨을 잃고 70만 명이 국경 밖으로 도망가는 동안에도 로힝야족을 개 · 돼지로 묘사한 혐오 게시물들이 '좋아요'를 타고 빠르게 퍼져나갔다.[5] 이 상황에서 페이스북을 통해 '로힝야족이 테러를 저질렀다'거나 '수염이 있는 로힝야 남자가 여자를 성폭행했다'는 식의 가짜뉴스가 빠르게 퍼지면서 로힝야족에 대한 집단적인 배타 의식 속에 공격과 혐오가 정당화되었고, 이는 곧 군부에 의한 대량 학살의 도화선이 되었다. 유엔 진상조사단이 발표한 자료에 의하면 불과 몇 년 만에 2만 5,000명이 집단적으로 살해되고 90만 명에 이르는 로힝야 난민들이 방글라데시 난민촌에서 생활하고 있다.[6]

인도에서는 온라인상의 허위정보로 인해 사망한 사람이 3개월 만에 12명에 이를 정도로 큰 폐해가 나타나고 있다. 2018년 7월 1일, 서부 마하라슈트라주 인근 지역에서 행인 5명이 마을 주민 40여 명으로부터 집단 폭행당한 뒤 사망한 사건이 발생했다.[7]

피해자들은 각 지역을 떠돌아다니면서 구걸을 해 왔던 사람들인데, 마침 이 마을에 도착했을 때는 아동 유괴범이 이 지역을 돌아다닌다는 경고가 온라인 메신저 왓츠앱을 통해 떠돌고 있었다. 마을 주민은 피해자들을 유괴범으로 오해했고 대나무 막대와 돌 등으로 집단 공격하기에 이르렀다.

2018년 5월 26일에는 안드라프라데시주 하이데라바드 챈드라양구타 지역에서 엉뚱한 시민이 어린이 유괴범으로 오해받고 폭행당해 여성 1명이 사망하고, 3명이 다쳤다. 구걸하던 여성 4명에게 시민 20여 명이 몰려와 이름과 출신을 묻더니 순식간에 집기를 던지며 폭행하기 시작했고, 시민 200여 명이 주변을 둘러싸고 공격을 부추겼다. 경찰이 피해자를 보호하려 하자 성난 시민들은 '납치범을 돕고 있다'라며 경찰차 2대를 부쉈다.

사건의 발단은 SNS인 왓츠앱이었다. 2주 전부터 안드라프라데시주에선 어린이 유괴 조직이 활개를 치고 있다는 가짜 소문이 돌았다. '납치범들'이란 제목의 동영상도 공유됐다. 잔혹하게 숨진 어린이의 사진을 보자 지역 주민의 공포심이 증폭됐다. 근거 없이 조작된 내용이었다. 납치된 어린이라며 공유된 사진은 미얀마 라카인주 로힝야족 난민과 내전을 겪고 있는 시리아 어린이의 모습이었다.[8]

2018년 8월 29일, 멕시코 중부 푸에블라주의 작은 마을 아카틀란에서 사소한 시비 끝에 경찰서에 연행된 두 사람이 아동 유괴범으로 몰려 불에 타 죽은 사건이 발생했다.[9] 멕시코의 경우 아동 유괴가 상대적으로 많은 나라인데, 경찰서에 연행된 두 사람을 보고 몰려 온 주민들이 유괴범이 끌려온 것이냐고 묻자 경찰은 거듭해서 아니라고 부인했다.

그런데 그 지역 주민들은 개인 문자 메시지 왓츠앱에서 떠도는 가짜뉴스 '아동 유괴란 전염병이 우리 주에 들어왔으니 모두 조심하라'를 진실이라고만 여겼다. 공교롭게도 며칠 전 네 살, 여덟 살, 열네 살 아이 셋이 실종됐다가 장기가 적출당한 채 발견된 일이 있었다. 이 때문에 군중들은 두 사람이 유괴범들이라고 확신했다.

BBC는 프란시스코 마르티네스Prancisco Martinez가 군중들을 흥분하게 만든 가짜뉴스의 최초 유포자라고 지목했다. 그는 페이스북과 왓츠앱에 잘못된 정보를 올리고 경찰서 밖에서의 군중들 모습을 동영상으로 촬영해 페이스북에 생중계했다. 그는 "아카틀란 사람들이여, 당신들의 도움이 필요하다. 믿어 달라. 유괴범들이 지금 여기 있다"라고 카메라를 향해 외쳤다.

그와 마누엘이라고만 알려진 남자가 경찰서 옆 시청 청사 지붕에 올라가 종을 울리면 경찰이 두 사람을 곧 석방시킬 것이라고 알렸다. 페트로닐로 카스테요Petronilo Castelan란 남자는 확성기를 들고 나와 경찰서에 불을 지르게 돈을 기부하라고 외친 뒤 모금통을 든 채 군중 사이를 헤집고 다녔다. 조금 뒤 군중은 폭도로 돌변했다. 경찰서는 힘없이 뚫렸고 두 사람이 끌려나와 두들겨 맞기 시작했다. 그 뒤 시민들이 돈을 걷어 산 기름이 두 사람 몸에 끼얹어졌고 불이 붙여졌다. 소셜 미디어 시대에 중세의 마녀사냥이 그대로 재현된 꼴이다.

2

사회적 양극화에 따른 증오와
갈등의 확산

둘째, 허위정보는 사회 전반에 걸쳐 양극화를 증폭시킨다. 양극화는 사실 그 자체와 사실 및 데이터에 관한 분석적 해석과 관련된 불일치에서 비롯되는 바가 크다.[10] 이러한 불일치로 인해 대립하는 각 측의 그룹들은 생각하는 방식과 커뮤니케이션에서 더 배타적으로 되어갈 수 있으며, 허위정보가 번식하는 폐쇄된 환경을 만들어 낸다.

한국언론진흥재단이 2017년 3월에 전국의 성인 남녀 1,084명을 대상으로 설문조사한 결과에 따르면, "가짜뉴스로 인해 우리 사회의 분열이 더 심해지고 있다"는 질문에 대해 48.1%가 매우 동의를 했고, 35.5%가 약간의 동의를 하는 등 전체의 83.6%가 가짜뉴스로 인한 사회적 분열을 우려했다.[11]

이러한 양극화 현상을 보여 주는 지표는 세계 곳곳에서 이미 현실화되고 있다.

루마니아는 지난해 거짓 정보에 대한 편향된 믿음 때문에 31명에 달하는 홍역 환자들이 목숨을 잃었다.[12] 세계 각국의 정부와 과학자들이 백신이 자폐증을 유발시킨다는 주장은 근거가 없는 것으로 이미 결론을 내렸지만 일부 과학자들의 거짓 주장과 편향된 믿음이 작용한 결과였다. 유럽에서 일어난 백신 거부 풍조의 확산에는 1988년 영국 의사 앤드루 웨이크필드Andrew Wakefield의 논문 〈백신이 자폐증을 유발한다〉가 크게 작용했다. 영국의 대장외과 전문의인 웨이크필드 박사는 그 논문을 통해 홍역, 볼거리, 풍진을 예방하는 혼합 백신인 MMRmeasles-mumps-rubella combined vaccine이 아동의 자폐증을 유발한다고 주장했다.[12]

이에 영국 의학위원회는 2008년 웨이크필드 박사의 의사 면허를 박탈했으며, 그 논문을 게재한 《랜싯》지는 2010년 그의 논문을 철회했다. 웨이크필드 박사가 연구 과정에서 부적절한 방법을 택했으며, 백신 반대 소송 변호사들에게 거액을 받은 사실이 드러났기 때문이다.

객관적인 근거를 제시했음에도 불구하고 지금껏 괴담처럼 전해 내려져 온 데는 선거에서 유리한 입지를 확보하려는 정치인들의 선동도 크게 작용했다. 2018년 이탈리아 총선에서 10% 이상의 지지를 얻고 있는 이탈리아 극우 성향의 동맹당 마테오 살비니Matteo Salvini 대표는 유세 연설에서 집권할 경우 "지난해 국회에서 통과한 백신 의무 접종화 법안을 폐지하겠다"라고 공약했다. 최근 수년 사이 이탈리아에선 "홍역 예방주사가 아이들의 자폐증을 야기한다."라는 소문이 퍼지기 시작했고, 전체 예방주사에 대한 불신으로 번졌다.

　로마 라사피엔차대학의 안드레아 그리뇰리오Andrea Grinolio 교수에 따르면, 이 불신은 대안 치료와 음모 이론에 예민한 비주류 지식인층에서부터 시작됐다. 특히 북부 지역을 중심으로 백신 거부 움직임이 본격화됐다. 그 결과 2016년 870건이던 이탈리아 홍역 발병이 지난해 5,000건으로 급증하면서 이탈리아가 세계 6번째로 홍역이 많이 발생하는 국가가 됐다. 이에 정부 여당이 주도해 10가지 백신 접종을 의무화하는 법안이 지난해 7월 국회를 통과했고, 백신 회의주의자들은 '반백신주의자anti-vaxxers' 이름으로 세력을 형성해 맞섰다.

3

여론, 선거 등 집합적 의사 결정의 왜곡

셋째, 여론과 민의를 왜곡해 선거나 국민투표와 같은 집합적 의사 결정을 변질시킬 수 있다.

실제 많은 시민이 아직 검증되지 않거나 허위인 주장을 '진실'로 수용한 가운데 중요한 정치적 결정을 내리며, 이 때문에 여론 형성이나 정책 논의 과정이 왜곡되는 경우가 많다.

대표적인 사례가 2016년 미국 대통령 선거를 포함, 국가적으로 중요한 선거나 국민투표에 나타난 허위정보들이다. 2016년 당시 공화당 도널드 트럼프 후보와 민주당 힐러리 클린턴 후보가 경합을 벌인 캠페인 상황에서 피자 게이트를 포함, 무수한 허위정보가 나돌았다. 영국의 리서치 회사인 캠브릿지 애널리티카가 페이스북을 통해 확보한 5,000만 명의 개인정보를 허위정보 확산에 관여한 사실도 밝혀졌다.[13]

프랑스 역시 2017년 대선에서 '사우디아라비아에서 비밀리에 자금을 지원받았다'느니, '바하마에 비밀계좌를 가지고 있다'느니 하는 등의 가짜뉴스가 나돌았고, 대선 결선일 하루 전에는 마크롱 후보의 이메일이 해킹되어 허위정보와 뒤섞여 유포되는 현상까지 발생했다.[14]

가짜뉴스·허위정보가 국가의 중요한 정책 결정을 뒤집은 대표적인 사례로 2016년 당시 영국이 유럽연합을 탈퇴하느냐 마느냐를 놓고 일어난 브렉시트를 들 수 있다. 당시 유럽연합 탈퇴를 지지하는 단체의 하나인 보트 리브Vote Leave는 "영국이 유럽연합 회원으로 있으면서 매주 3억 5,000만 파운드를 유럽연합에 퍼붓고 있다"라고 언급했다.[15] 여기에 더 나아가 "이 예산을 절약하면 국민건강서비스NHS 개선 등 영국 국민의 복지에 크게 기여할 수 있다."면서 탈퇴의 정당성을 주장했다. 영국의 EU 분담금은 약 129억 파운드이다. 액면가대로 하면 178억 파운드가 되어야 하나 1984년 마거릿 대처 수상이 할인 협상을 성사시켜 129억 파운드로 확정됐다. 이런 점을 고려하면 2015년 기준으로 주당 EU 분담금은 약 2억 5,000만 파운드가 된다. 따라서 이는 수치상의 오류를 내포하고 있다.

이와 함께 "머지않아 터키가 EU 회원국으로 가입될 것이고 그렇게 되면 수많은 무슬림 난민들이 영국으로 향할 것"이라는 미확인 정보를 퍼뜨렸다. 즉 EU 회원국 지위를 유지할 경우 그 많은 터키 난민을 영국 정부가 다 떠안아야 한다는 논리였다. 보트 리브 캠프는 보리스 존슨 외무장관과 마이클 고브 환경장관 등 테레사 메이 총리의 참모들이 이끈 대표적인 유럽연합 탈퇴 진영이다.

　국민투표가 이루어지기 전에 여론조사 기관인 입소스 모리 Ipsos MORI가 실시한 여론조사에서 보트 리브의 주장을 들은 응답자의 78% 중에서 47%가 그 주장을 사실이라고 믿었다. 영국의 통계청과 독립기관인 재정 연구원이 그 주장이 사실이 아니라고 발표를 했는데도 불구하고 투표에 영향을 미치지 못했다.

4

정부, 언론, 전문가 등
사회적 기구에 대한 불신 심화

넷째, 언론을 포함해서 과거에 신뢰를 받았던 정부, NGO 등 사회적 기구 및 전문가들에 대한 신뢰감이 크게 떨어진다.

얼마 전까지만 해도 과학자를 포함한 전문가의 식견은 일반 사람들이 특정의 사건이나 자기 앞에 놓여진 문제를 해결하는데 중요한 기준으로 작용했다. 이에 부응해 전문가들은 자신의 풍부한 지식과 경험을 바탕으로 의견을 자연스럽게 제시했다. 예를 들어 자폐증에 대한 과학 전문가들은 주류 언론에서 이 주제에 대해 이야기하기를 요청받았고, 대형 출판사는 동일한 전문가가 책을 출판했으며, 이 주제에 대한 백과사전 기사를 저술하는 형태였다. 그러나 최근 들어 전문가에 대한 신뢰나 의존하는 경향은 현저히 약화되었다.

미국의 데이비드 존슨과 재레드 파이퍼 등 David Johnson, & Jared Peifer, 2017 이 조사한 바에 따르면, 2014년 기준으로 고등교육에 대한 신뢰도는 14%에 달했는데 이는 2006년 41%에서 무려 28%나 떨어진 수준이다.[16] 과학계 역시 마찬가지다. 2009년 50%에 달했던 과학자 신뢰도가 2015년에는 35%에 그친 것으로 나타났다.[17] 이는 비단 학계와 과학자에 대한 신뢰의 하락이 아니라 사회 전반에 걸친 현상으로 나타나고 있다. 톰 니콜스Tom Nichols는 2017년 자신의 저서에서 이를 'The Death of Expertise'라고 불렀다.[18] 이러한 현상은 과학과 학계를 신뢰하지 않은 사람들의 수가 급격히 증가하고 있다는 것을 보여 준다.

우리나라의 경우 각 부문별 신뢰도는 다른 나라들과 비교할 때 거의 최하위에 머무르고 있다. 한국언론진흥재단과 영국 로이터저널리즘연구소Reuters Institute forthe Study of Journalism의 공동 조사에 따르면, 한국의 뉴스 신뢰도가 미국, 영국, 프랑스 등 총 36개 조사 대상국 중 가장 낮을 만큼 언론에 대한 시민들의 불신은 매우 깊다.[19] 기성 정보원에 대한 신뢰가 작동하지 않는 언론 환경에서는 가짜뉴스를 포함한 대안적 정보가 시민들 사이에서 수용될 가능성이 높아진다.

2018년 9월에 발간된 유네스코 보고서는 허위정보가 언론과 저널리즘의 신뢰도에 미친 영향을 특히 강조하고 있다.[20]

"전 세계의 많은 지역에서 미디어 및 저널리즘에 대한 신뢰도는 소셜 미디어의 등장 이후 점점 취약해지고 있다. 이러한 추세는 여러 사회 분야에서 공통된 특징으로 나타났던 제도 및 기관들의 신뢰도 하락과 무관하지 않다. 그러나 뉴스로 치장한 채 소셜 미디어를 통해 유포되는 허위정보와 잘못된 정보의 양과 도달 범위는 저널리즘에 대한 평판을 치명적으로 손상시키고 있다."

한편 글로벌 PR 기업 에델만이 2016년에서 2017년 사이의 한국의 신뢰도 지표를 조사한 결과에 따르면, 우리나라 국민들이 가장 신뢰하는 집단은 기술 전문가들로서 50% 신뢰도를 기록했다.[21] 다음으로 나와 비슷한 타인41%, NGO 대리인37%, 학술 전문가36%, 금융권 전문가33%, 직원25%, CEO24%, 이사회19%, 정부 관계자17% 순으로 나타났다. 결국, 응답자들은 CEO 또는 정부 관계자보다 일반 직원을 더욱 신뢰하고 '자신과 비슷한 처지의 사람'에게 점점 더 의존하고 있음을 보여 준다. 이러한 결과는 친구나 지인 중심으로 유포되는 정보나 허위정보에 의존할 가능성이 많다는 것을 시사한다.

◎ 각 주제별 신뢰도 비율(%)

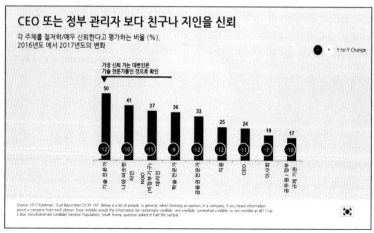

출처: 에델만(2017). 2017 에델만 신뢰도 지표조사

5

민주주의 그 자체에 대한 위협

다섯째, 정부, 언론, 전문가 그리고 사회제도와 기구에 대한 불신이 심화되면서 개개인들의 소외와 일탈 현상이 발생하고, 개개인의 편향된 믿음이 확신에 찬 주장으로 둔갑하고 사회 전체를 휘감는 탈진실 시대가 도래한다.[22]

정부에 대한 신뢰도가 감소함에 따라 시민들의 참여도 감소하며 사람들의 소외감을 더욱 확대시킨다. 공공의 시민 참여는 투명성, 책임성 그리고 공동체 참여를 증진시킴으로써 정치적 대표들을 견제하는데 기여해 왔는데, 그러한 견제 역할 또한 감소하게 되고 사회 전반에 대한 불확실성은 확대된다. 결국은 민주주의 그 자체가 뿌리째 흔들릴 수 있다는 의미다.

유럽연합 집행위원회가 28개 EU 회원국 국민 15세 이상 2만 6,576명을 대상으로 2018년 2월 7일부터 9일까지 전화 설문조사를 한 결과를 보면, '허위정보가 민주주의 일반에 심각한 문제가 될 것'이란 응답이 45%였고, '어느 정도 문제가 될 것'이란 응답은 38%에 달했다.[23] 전체의 83%가 허위정보가 민주주의에 악영향을 줄 것으로 보고 있다는 의미다.

◎ 각 주제별 신뢰도 비율(%)

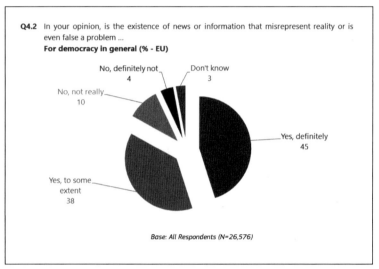

출처: http://ec.europa.eu/commfrontoffice/
publicopinion/index.cfm/survey/getsurveydetail/instruments/flash/surveyky/2183

이를 반영하듯 영국 하원 디지털문화미디어스포츠위원회는 〈허위정보와 가짜뉴스에 관한 중간 보고서〉의 서문에 이렇게 밝히고 있다.[24]

"… 급속도로 변하고 있는 디지털 환경에서 기존의 법적 프레임은 더 이상 유효하지 않다. … 우리의 민주주의는 위기에 처해 있다. 민주주의 제도에 대한 공유된 가치와 완결성을 지키기 위해 이제는 행동에 나서야 할 때다."

유럽연합 집행위원회 역시 〈허위정보에 대한 다차원적 접근: 페이크뉴스와 온라인 허위정보에 관한 독립적 최고위 그룹의 보고서〉의 서문에서 그 위험을 경고하고 있다.[25]

"허위정보는 시민과 사회 전반에 해악을 주고 있다. 이와 같은 해악의 위험은 선거와 같은 민주주의적 정치 과정, 의료, 과학, 금융 등 사회 다양한 분야에서 공공 정책을 형성하는 민주적 가치에 대한 위협을 포함한다."

왜냐면

2018년 10월23일 화요일 **한겨레**

〈한겨레〉에서 시민
기분을 갖추고 인상
이름과 직함, 연락처
다 전자우편 opini

가짜뉴스를 둘러싼 논란과 탈진실 시대의 조짐들

황치성
언론학 박사

인간의 생명은 그 어떠한 경우에도 존엄하다. 그런데 또 하나의 아까운 생명이 차가운 시멘트 바닥에 내던져졌다. 김포의 맘카페에 올라온 글 때문에 투신한 어린이집 교사 이야기다. "직접 본 것이 아닌 들은 것, 또는 사실관계가 명확히 확인되지 않은 일은 제발 글과 댓글을 달 때 신중해 달라"는 동료 교사의 말은 우리를 더 슬프게 한다. 직접 목격하지도 확인하지도 않은 것이 사실로 둔갑해 극단적인 선택을 강요한 경우가 어디 이번뿐일까. 우리 주변의 어딘가에서 지금도 이런 일이 벌어지고 있고 온갖 정보가 난무하는 온라인 세상의 미래엔 더 그럴 것이다. 그래서 두렵다. 더 큰 문제는 이런 안타까운 일들이 가짜뉴스가 일상화되면서 나타나는 탈진실 시대, 즉 개개인의 편향된 믿음이 확신에 찬 주장으로 둔갑하고 사회 전체를 휘감는 현상과 오버랩되고 있는 점이다.

미국의 공공정책 싱크탱크인 랜드코퍼레이션은 올해 초 가짜뉴스가 가져올 탈진실 시대의 사회현상을 네 가지로 요약했다. 첫째, 사실과 의견의 경계가 모호해지고 사실 자체에 대한 불일치가 확대되면서 공적 의제에 대한 의미있는 토론이 불가능해진다. 둘째, 보고 싶은 것만 보고 믿고 싶은 것만 믿는 확증편향이 배타적 집단의식을 강화하고 이념적, 정치사회적 양극화를 촉발한다. 셋째, 과거에 권위를 인정받았던 정부, 언론, 과학자 등 전문가에 대한 신뢰도는 나날이 하락한다. 넷째, 시민 개개인이 그 누구도 믿지 못하는 가운데 확증편향은 강화되고 정치제도나 공동체 활동으로부터 소원해진다. 한마디로 민주주의의 기반이 뿌리째 흔들릴 수 있다는 의미다.

가짜뉴스로 인한 폐해는 이미 세계 도처에 나타나고 있다. 루마니아는 지난해 거짓정보에 대한 편향된 믿음 때문에 31명에 이르는 홍역 환자가 목숨을 잃었다. 1988년 영국 의사 앤드루 웨이크필드가 '백신이 자폐증을 유발한다'고 한 논문이 그 발단이었다. 이후 이 논문이 거짓으로 밝혀졌고 각국에서 공식 발표를 통해 사실을 밝혔지만 허위정보가 그럴듯한 사실로 포장되었고 이를 믿은 부모들이 자녀에게 백신 접종을 하지 않았다.

브렉시트에 관한 영국 국민투표 결과는 가짜뉴스가 여론과 민의를 왜곡해 집합적 의사결정을 변질시킨 사례다. 당시 유럽연합(EU) 탈퇴를 지지하는 단체인 보트 리브는 '유럽연합 탈퇴로 본국에 돌아올 천문학적 분담금의 혜택', '터키 난민의 대거 유입설' 등의 가짜뉴스를 대대적으로 퍼뜨렸다. 통계청과 독립기관인 재정연구원이 사실이 아님을 밝혔지만 투표 결과는 실제의 여론과 다르게 나타났다.

가짜뉴스 폐해는 학생들의 학업에까지 파고들었다. 영국 의회의 초당적 공동위원회와 리터러시 재단이 조사한 내용을 보면 초등학교 교사의 35%가 '학생들이 가짜뉴스나 허위정보를 바탕으로 과제를 하고 있다'고 응답했다. 또 교사들의 60%는 '가짜뉴스가 학생들의 정신건강에 심각한 부정적 영향을 미치고 두려움과 불확실성의 문화를 조장하고 있다'고 밝혔다. 아이들마저 가짜뉴스에 멍들어가고 있다는 의미다. 이런 상황이 어디 영국뿐이겠는가.

외국 역시 가짜뉴스 문제가 불거진 초기에는 많은 논란이 있었다. 그러나 논란에 논란을 거듭하면서도 그들은 머리를 맞댔다. 최소한 가짜뉴스가 가져올 개인적 · 사회적 폐해와 대책 마련의 필요성에는 공감했기 때문이다. 지금도 비판은 상존하지만 1년여 동안 같이 고민을 하면서 사회적 합의를 이끌어내고 있다.

그런데 우린 어떤가. 여당과 야당, 진보와 보수로 나뉘어 '가짜뉴스로 정권을 잡아놓고 지금은 가짜뉴스를 탄압한다'느니 '규제를 해야 되느니 마느니' 하는 소모적인 논쟁만 되풀이하고 있다. 그 와중에 확인되지 않은 내용이 확신에 찬 주장으로 등장하는 경우도 허다하다. 규제 문제도 그렇다. 규제에는 타율규제만 있는 것이 아니라 자율규제도 있다. 그럼에도 규제를 해선 안 된다는 논리는 어떠한 위험이 예견되든 정부는 그냥 손놓고 있으라는 말에 다름 아니다. 이런 현실이야말로 탈진실 시대에 나타나는 전형적인 조짐들이다. 이 상황이 지속된다면 우리는 어쩌면 세계에서 가장 먼저 '진실'과 '민주주의'에 대한 장례식을 치러야 할지 모른다. 그때도 '그저 명복을 빌 뿐'이라 하고 말 텐가.

04

세계는 허위정보에
어떻게 대응하고 있는가?

거짓과 더불어 제정신으로 사느니, 차라리 진실과 더불어 미치고 싶다.
- 버트런드 러셀

1

영국의 허위정보 현황과
문제 해결을 위한 정책 권고안

영국은 가짜뉴스·허위정보에 대해 다양한 측면의 대응을 강구하고 있는데 크게 두 가지 흐름으로 진행되어 왔다. 하나는 미디어 리터러시 교육 측면에 초점을 둔 의회 상하원 공동위원회와 영국 리터러시 재단의 활동이고, 다른 하나는 법제 차원에서 접근한 영국 하원 디지털·문화·미디어·스포츠위원회의 활동이다.

영국 의회의 초당적 모임인 공동위원회All-Party Parliamentary Group: APPG와 영국 국립리터러시재단National Literacy Trust 등이 주도하고 있는 페이크 뉴스와 비판적 리터러시 역량 교수위원회Commission on Fake News and the Teaching of Critical Literacy Skills는 2017년 6월부터 1년 동안 페이크 뉴스가 어린이·청소년에게 미치는 영향, 그리고 그것을 극복할 수 있는 방법 등을 마련하기 위해 광범위한 자료수집과 분석을 실시하고 그 대책을 2018년 6월 11

일 발표했다.[1]

이 보고서는 위원회가 초등학생, 중학생 그리고 교사들을 대상으로 페이크 뉴스 실태조사 결과를 상세하게 제시하고 정부 당국, 학교, 가정, 미디어 단체 그리고 그밖에 서면 증거 제출 요청서를 제출하고 정부, 학교, 가족, 미디어 조직, 민간 기업과 시민단체, 청소년들에게 제시하는 권고사항들을 담고 있다.

이와 함께 학교와 교사가 어떤 분야, 그리고 모든 주제와 관련하여 비판적 사고를 적용한 미디어 리터러시를 적극적으로 그리고 명확하게 가르치는 일이 중요하다고 보고 학교별로 그리고 교과 주제별로 교수학습 지도안과 토론 카드, 워크북 등을 만들어 제시했다.

캠브리지 어낼리티카 Cambridge Analytica; CA[2]

캠브리지 애널리티카 스캔들은 영국에 본사를 둔 정치 전문 리서치 기업 캠브리지 애널리티카가 페이스북 사용자 중 약 8,700만 명의 데이터를 수집해 악용했으며, 이를 통해 2016년 미국 대선과 EU 탈퇴 여부를 놓고 실시된 브렉시트 투표에 영향을 미친 사건이다. 이 과정에서 기업의 임원들이 뇌물, 함정수사 그리고 성노동자를 활용한 것으로 나타났다.

이같은 사실은 채널4 뉴스의 탐사보도를 통해 밝혀졌다. 2017년 11월부터 2018년 1월까지 있었던 전화 통화

들, 런던 호텔에서 직접 만나 가진 여러 차례의 회의에서 CEO인 알렉산더 닉스가 자신의 기업과 모기업인 전략커뮤니케이션연구소SCL가 나이지리아, 케냐, 체코, 인도 등 전세계 200건 이상의 선거에 비밀리에 영향을 미쳤다고 자랑한 모습까지 그대로 드러났다.

채널4가 닉스와 만나 나눈 대화잠입취재에 따르면, CA가 선거에 영향을 미치는 방법 중에는 데이터 분석과는 전혀 관련 없는 각종 '공작'이 동원됐다. '거부할 수 없는 제안뇌물'으로 상대편 정치인들을 불리한 상황에 몰아넣은 뒤 이 장면을 몰래 촬영하거나 고객과 CA의 의뢰 관계가 공개적으로 드러나지 않도록 가짜 신분증, 웹사이트, 다른 기업 이름을 사용하는 방법 등이 활용되었다.

예를들면 부유한 개발업자인 척하는 사람을 투입해서 특정 후보에게 거액의 돈을 제시하고, 선거 비용을 대는 조건으로 땅을 요구한 다음 그 과정 전체를 촬영해서 옴짝달싹하지 못하게 하는 방법도 동원했다.

캠브리지 애널리티카는 사람들의 확증편향을 악용해 특정 후보에 대해 부정확한 사실을 대중이 믿도록 만드는 사업도 진행했다. 닉스는 "끔찍한 일처럼 들리긴 하지만, 이런 것들이 꼭 사실일 필요는 없다. 사람들이 믿기만 하면 된다. 팩트에 의지해 선거를 치러서는 좋을 게 없다. 사실 가장 중요한 건 감정이기 때문이다."라고 말하기도 했다. 허위정보의 약점을 철저히 이용한 셈이다.

이 과정에서 영국 캠브리지대학에서 소셜 미디어와 심리 등을 연구하던 알렉산드르 코건의 역할도 드러났다. 그는 글로벌 사이언스 리서치GSR, Global Science Research라는 회사를 설립하고 페이스북 데이터를 활용해 수많은 사람들의 '심리적 프로필'을 구축해, 이런 데이터를 필요로 하는 기업이나 기관에 팔아왔다. 이 기업은 2015년부터 페이스북 이용자에 관한 정보를 캠브리지 애널리티카에 팔아왔다.

한편 영국 정보위원회는 2018년 10월 캠브리지 애널리티카 스캔들과 관련하여 페이스북에 64만 5천달러의 벌금형을 내렸다.[3] 그 이유는 페이스북이 외부 애플리케이션을 통해 수백만 명의 데이터가 제3자에게 넘겨지는 걸 용인함으로써 자사 플랫폼을 사용하는 사람들을 보호하는데 실패했기 때문"이다.

영국 하원의 디지털·문화·미디어·스포츠DCMS위원회는 2018년 7월 29일, 지난 18개월 동안 진행해 온 데이터 조작, 개인정보 오용 및 허위정보와 가짜뉴스가 급증하는 문제 해결을 위한 중간 보고서를 발표했다.[4] DCMC는 허위정보 문제 해결을 위해 2018년 1월, 보수당 5명, 노동당 5명 그리고 스코틀랜드 국민당 1명 등 총 11명으로 구성된 위원회위원장, 보수당 다미안 콜린스Damian Collins를 만들었고 하원에 소속된 정보위원회ICO와 공조해 이 문제를 철저하게 조사했다.

이 과정에서 약 20회의 청문회가 열렸으며 61명의 증인을 대상으로 3,500여 건의 질의가 이뤄졌다. 또 이와 별개로 150건이 넘는 서면 질의와 배경에 대한 추가 조사도 진행했다. 미국 조사 당국과의 공조하에 워싱턴 D.C. 등 해외에 대한 현장 조사도 이루어졌다. 조사 과정에서 친브렉시트 캠페인의 타깃 광고 활동 관련자들을 의회로 소환해 직접 의견을 청취했으며 캠브리지 애널리티카가 2016년의 브렉시트 국민투표에도 영향을 미쳤다는 사실을 밝혔다.[5]

DCMC의 중간 보고서는 크게 '도입 및 권고안 제시 배경', '기술 기업들에 대한 개념 정의, 역할 및 법적 책임', '페이스북에 기반한 데이터 타겟팅 문제와 글로벌 사이언스리서치 및 캠브리지 애널리티카의 혐의들', '정치 캠페이닝', '디지털 리터러시' 등 5개 주제에 53개 권고 조항으로 이루어져 있다. 주요 내용을 소개하면 다음과 같다.[6]

도입 및 권고안 제시 배경: 1~5 조항

1. '가짜뉴스'라는 말은 합의된 개념 정의가 없는 가운데 다양한 의미로 사용되고 있다. 따라서 우리는 정부가 가짜뉴스라는 용어 대신 잘못된 정보misinformation와 허위정보disinformation 라는 용어를 사용할 것을 권고한다. 이와같이 새롭게 설정한 개념은 기업, 기관 및 단체 그리고 정부가 수행해야 할 지침을 명확하게 함으로써 플랫폼들 사이에 일관된 의미를 공유하게 하고 규제와 집행의 근거가 될 수 있을 것이다.

4. 가짜뉴스에 대한 조사 과정에서 우리는 기존의 입법 수단으로는 해결할 수 없는 복잡하고 글로벌 차원의 이슈들과 맞닥뜨렸다. 이 보고서에서 우리는 빠르게 변화하는 기술적 진보를 다루는데 충분히 적합한 원칙 기반의 권고 사항을 제안한다.

기술 기업들에 대한 개념 정의, 역할 및 법적 책임: 6~31조항

9. 영국의 선거법은 현재의 디지털 시대의 상황에 적합하지 않으며 따라서 새로운 기술을 반영하도록 개정되어야 한다. 우리는 "전자적 수단을 통한 모든 캠페인 활동은 정보를 발표하는 기관과 정보 배포의 법적 책임자 등을 포함해서 디지털상의 필수적인 기록 사항들에 대해 쉽게 접근할 수 있어야 하고 캠페인물을 후원한 사람, 그리고 모든 온라인상의

광고물과 메시지들을 한눈에 알아볼 수 있도록 해야 한다"
라는 선거관리위원회의 제안을 지지한다.

11. 2018 데이터보호법에서 정보위원회Information Commissioner's
Office에 부여한 것처럼 선거관리위원회가 규정한 벌금 한도
2만 파운드는 고정된 비율의 매출액을 기준으로 더 크게 부
과할 수 있도록 바꾸어야 한다. 또 선거관리위원회는 조사
가 완료되기 전에 해당 사건을 검찰에 회부할 수 있어야 한
다.

16. 소셜 미디어 기업들은 단순한 기술 업체일 뿐이고 자신들의
사이트에 있는 콘텐츠를 규제하는 데 아무런 역할을 가지고
있지 않다고 주장하면서 '플랫폼일 뿐'이라는 주장 뒤에 숨
어서는 안 된다. 그것은 온당치 못하다. 그들은 알고리즘과
사람의 개입을 기반으로 자신의 사이트에서 보이는 것과 보
이지 않는 것을 계속 변경하고 있다. 그러나 그들은 보급하
는 콘텐츠에 대해 수수료를 지급하고, 편집하고, 책임을 지
는 전통적인 출판업자 모델과 전혀 다르다.

19. 기술 기업들이 그들의 플랫폼에서 유해하고 불법적인 콘텐
츠에 대해 상응한 조치를 할 수 있도록 명확한 법적 책임을
부과해야 한다. 여기에는 사용자가 게시 중단을 위해 기술
기업들에 조회한 콘텐츠, 그리고 기술 기업들이 스스로 식

별해야만 했던 기타의 콘텐츠가 모두 포함되어야 한다.

30. (29항. 기술 기업들은 전문적이고 글로벌 수준의 윤리 강령을 만들어야 한다) 이러한 윤리 강령은 기술 기업들의 업무의 중추가 되어야 하며 새로운 기술과 알고리즘을 개발할 때 지속적으로 반영되어야 한다. 만약 기술 기업들이 자체 윤리 강령을 준수하지 않을 경우 영국 정부는 그러한 윤리 규정들을 강제할 수 있는 규제 정책을 도입해야 한다.

페이스북에 기반한 데이터 타겟팅 문제와 GSR 및 캠브리지 어낼리티카의 혐의들: 32~35조항

32. 페이스북은 2018년 6월, "가짜 계정은 우리의 친구가 아니다"라는 사실을 발표하고 글로벌 차원의 광고에 투자를 해왔다. 그러나 데이터 조작을 바탕으로 잘못된 정보와 허위 정보를 퍼트리게 만들었던 기업 운영상의 심각한 실패가 또다시 재현되었다. 캠브리지 애널리티카의 부정한 데이터 수집에 대한 조치를 취한 지 4개월 만에 페이스북은 미국 정부와 크렘린 연계 러시아 기관들과 직접 계약을 맺고 있는 또다른 데이터 분석 기업 크림슨 헥사곤 Crimson Hexagon 에 대한 조치를 유보했다.

정치 캠페이닝: 36~40조항

38. 정부는 기술 기업들에 대한 투명성 요구 사항을 집행하고, 특히 정치 광고와 관련하여 소셜 미디어 플랫폼에서 유료로 제공되는 정치 광고 데이터에 공개적으로 액세스할 수 있고 명확하고 쉽게 검색할 수 있도록 보장하고 또 누가 업로드 했는지, 자금을 지원한 사람이 누군지, 어느 나라인지 등과 같은 출처를 식별하고 확인하기 위한 방법들을 조사해야 한다. 이러한 정보는 콘텐츠 내에 혹은 콘텐츠 상단에 배너 형태로 분명하게 게시되어야 한다. 이는 일반 대중이 콘텐츠 제공 업체의 행동 및 의도를 이해할 수 있게 하고, 또한 관심 있는 학계 및 기관이 분석을 수행하고 추세를 보여 줄 수 있게 해 줄 것이다.

러시아가 정치 캠페인에 미치는 영향: 41~49조항

캠브리지 어낼리티카 모회사인 SCL의 외국의 선거에 대한 영향: 50조항

디지털 리터러시: 51~53조항

51. 정부는 소셜 미디어 기업들이 포괄적인 교육 프레임웍을 위한 재정을 지원할 수 있는 부담금을 백서의 제안서에 포함시킬 것을 권고한다. 디지털 리터러시는 읽기, 쓰기 및 셈하기에 이어 교육의 네 번째 축이 되어야 한다. 디지털문화미

디어스포츠부는 교육부와 협력하여 디지털 리터러시를 종합 생활Physical, Social, Health and Economic curriculum: PSHE 커리큘럼의 한 부분으로 포함시켜야 한다. 소셜 미디어 기업들의 교육 분담금은 정부에 의해 추가된 커리큘럼 부분을 개발, 운영하는 데 사용되어야 한다.

한편 영국 정부는 2018년 10월, DCMC가 제시한 권고안의 채택 여부를 부분적으로 발표했다. 우선 공문서상에서 가짜뉴스라는 말을 폐기하는 대신 허위정보를 공식 용어로 사용하기로 하는 등 3개의 조항을 채택하기로 결정했다.[7] 대신 소셜 미디어 기업으로부터 세금을 징수해 디지털 리터러시를 위한 기금으로 사용하자는 권고와 정치 광고에 대한 회계의 투명성을 의무화한 권고 사항 등 4개 조항은 기각하기로 결정했다. 정부는 이러한 권고안을 받아들이진 않았지만 그 대신 "정기적으로 페이스북과 협의할 것이며 소셜 미디어 기업들이 자사 플랫폼에서 불법적이거나 유해한 콘텐츠에 대해 훨씬 더 많은 책임을 지도록 할 것"이라고 밝혔다.

한편 영국 정부가 규정한 허위정보의 정의는 '해를 입히거나 정치적, 사적, 재정적 이익을 얻을 목적으로 오디언스들을 속이고 오도하는 의도를 갖고 있는 거짓되고 조작된 정보의 신중한 제작 및 공유'이다.

2

프랑스의 정보 조작 대처법과
정책 권고안

프랑스는 2017년 대선 과정에서 다양한 허위정보를 경험한 바 있다. 선거일을 엿새 앞둔 상황에서 '마크롱 후보가 바하마에 조세 회피를 위한 은행계좌를 갖고 있다'는 가짜뉴스가 나돌았는가 하면 선거 전날에는 마크롱 후보의 이메일이 유출되어 가짜뉴스와 뒤범벅되어 유포되는 사건이 발생했다.[8]

선거일을 며칠 앞두고 충격적인 내용의 가짜뉴스가 집중적으로 나돌았다는 것은 다분히 의도적이었음을 알 수 있지만, 정부 차원에서 비교적 성공적으로 대응했다는 평가를 받는다. 니먼 재단의 크리스틴 슈미트Christine Schmidt는 가짜뉴스에 대응하는 데 있어서 프랑스의 성공은 마크롱 선거 캠프, 정부 및 시민사회, 그리고 주류 미디어의 대응에 운까지 작용하는 등 복합적인 요인이 작용했다고 분석한 바 있다.[9]

프랑스는 이러한 사건들을 거울삼아 가짜뉴스를 막을 수 있는 정책 마련에 박차를 가했다. 정책적 대응은 두 가지 방향에서 이루어졌다. 하나는 가짜뉴스에 맞서 새로운 법안을 만드는 것이고, 다른 하나는 정부 정책 차원에서 대응 방안을 마련하는 것이었다.

프랑스 의회는 2018년 11월 20에 '정보 조작 대처에 관한 법안'Les propositions de loi contre la manipulation de l'information; 이하 '정보조작대처법'을 통과시켰다. 이 법안이 통과되기까지 우여곡절도 많았다.[10] 본래 하원에서 7월에 가결되어 상원에 올려졌지만 상원은 9월 24일 해당 법안을 기각하고 하원으로 다시 내려보냈다. 판사가 신고를 받은 후 48시간 이내에 정보를 내려야 할지 말지를 결정해야 한다는 조항과 함께 언론의 자유를 침해할 가능성이 높다는 것이 주요 기각 이유였다.[11]

최종 가결된 정보조작대처법은 크게 두 가지 법안으로 구성된다.[12] 하나는 국가 조직법의 차원에서 발의됐다. 즉 허위정보 대처에 관한 통상법에 의해 이미 확립된 법적 조치들을 대선 캠페인에 적용하는 것을 목표로 한다. 헌법 제6조에 따라 공화국 대통령 선거 방식은 국가 조직법으로 정해져 있기 때문에 이러한 적용을 목적으로 하는 법안은 국가 조직법의 개정안으로 간주된다. 나머지 하나는 통상법의 범주에서 선거 중에 발생할 수 있는, 허위정보를 이용해 선거를 방해하기 위한 시도들을 저지하는 데 목적을 두고 있다. 정보조작대처법의 주요 내용은 다음과 같다.

선거 기간 동안 인터넷과 소셜 미디어에서 정보의 왜곡에 대응하기 위해 마련된 이 법안은 첫째, 허위정보의 배포를 판사가 중지시킬 수 있도록 하고 있다. 시사적인 정보는 그것이 선거와 직접적인 연관이 없더라도, 혹은 언론이 보도했는지와 관계없이 소송 대상이 될 수 있다.

둘째, 이러한 허위정보의 유포를 중지시키기 위해 짧은 시간 내에 법원이 명령을 내릴 수 있도록 하고 있다. 물론 판사가 아무 때나 개입할 수 있는 것은 아니다. 판사의 개입이 정당화되기 위해서는 정보는 '명백하게 허위'여야 하고, '의도적'이며, '대량으로 배포되어야 하는' 조건을 충족해야 한다.

셋째, 디지털 플랫폼, 특히 소셜 네트워크에 이들이 수수료를 받는 콘텐츠, 즉 광고 콘텐츠에 한하여 투명성 의무 조항을 부과하고 있다.

넷째, 시청각최고위원회 Conseil superieur de l'audiovisuel; 이하 'CSA'에는 한 국가가 의도적으로 선거에 영향을 미치기 위해 허위정보를 배포하는 경우, 그 국가의 영향 아래 통제되는 방송 서비스에 한해 '방송 중지 명령'을 내릴 수 있도록 하는 권한을 부여하고 있다. 여기에서 말하는 국가는 러시아 방송 채널을 염두에 둔 것이다.

다섯째, 이 법은 온라인 공중 커뮤니케이션 사용 방식, 비판적으로 정보 읽기 등을 의무적으로 교육하게 하는 등 미디어 교육에 관한 조치들을 포함한다.

정보조작대처법이 통과된 후에 프랑크 리에스터Franck Riester 문화커뮤니케이션부 장관은 "허위정보를 규제하는 법은 민주주의를 위협하는 세력으로부터 지켜내기 위해 필요하다."면서, "콘텐츠의 투명성을 강화시키기 위해 노력하겠다."라고 밝혔다. 그러나 여러 언론사와 언론단체, 언론학자, 야당 정치인은 이 법안에 대해 '적용이 불가능'하고, '비효율적'이며, 나아가 '표현의 자유'를 위협할 수 있다면서 일제히 우려의 목소리를 내놓고 있다. 이 법안을 둘러싼 주요 논란을 정리하면 다음과 같다.

첫째, 허위정보 정의의 모호성

이 법안에 대한 주요 비판 중의 하나는 '허위정보'라는 용어의 광범위한 정의와 관련되어 있다. 문화교육위원회에 의해 수정된 법안은 허위정보를 "거짓 정보를 구성할 가능성이 있는, 검증 가능한 요소가 부족한 사실에 대한 모든 주장이나 비판"이라고 정의하고 있다. 이처럼 허위정보의 정의가 매우 광범위하고 모호하며, 검열의 가능성에 대비하기 위한 어떤 장치도 제공하지 않고 있기 때문에 위험하다는 것이다.

둘째, 허위정보에 대한 판사의 전문성 여부

법안에 따르면 만약 누군가 선거 기간선거 3개월 전부터 선거일까지 동안 "다가올 선거에 영향을 미칠 가능성이 있는 허위정보"를 공표한 경우, 판사는 긴급하게 플랫폼에 "허위정보의 배포를 막기 위한 모든 필요한 조치"를 요구해야 한다. 또한, 정보의 진실성과 관련해 이의가 제기된 이후 판사는 48시간 이내에 관련 콘텐츠의 진실성 여부를 파악한 후, 이에 대한 삭제 명령을 내려야 한다.

선거 기간 동안 허위정보의 파급력이 크긴 하지만, 48시간은 매우 짧은 시간이라 할 수 있다. 이로 인해 '굴복하지 않는 프랑스'France Insoumise 소속 의원들은 "허위정보 분야 전문가가 아닌 판사 혼자서, 그토록 짧은 시간 내에 사안을 이해하고, 양측의 상반된 주장을 듣고, 추가 서류 등을 요청하고 제대로 된 판결을 할 수 있는지"에 대해 의문을 제기하고 "이것은 불가능하다면서 적어도 72 시간으로 연장할 것"을 제안했다. 그러나 전문가들은 72시간이든 48시간이든 판사에게 이런 권한을 맡기는 것 자체를 반대하는 주장들도 제기되었다.

셋째, CSA의 권한 확대

법안은 CSA에 정보 조작에 맞서 싸울 수 있는 새로운 권한을 부여하고 있다. 즉 CSA에게 "외국 국가에 의해 통제되거나 외국 국가의 영향 아래 있는" TV 방송이 프랑스 국가의 근본적인 이해를 침해하는 경우, 이들의 중계를 중단하거나 방해할 수 있는 권한을 추가한 것이다. 그러나 이러한 CSA의 행정적 권한 강화에 대해서 부정적인 주장들이 제기되었다.

좌파 민주당과 공화당 소속 의원들은 "외국 국가의 영향력에 대한 기준이 너무 애매하고 따라서 임의적"이라고 비판했다. 법에는 '영향력'으로 판단하는 것을 뒷받침할 그 어떤 근거도 명시하시 않고 있어, 영향력이 너무 주관적으로 판단될 수 있다는 것이다.

넷째, '온라인 플랫폼의 투명성과 정보에 대한 의무' 조항의 문제

이 조항에는 '공적 토론과 관련된 정보의 홍보와 관련하여 개인 데이터 사용에 대한 공정하고 명확하며 투명한 정보를 사용자에게 제공해야 한다'는 내용을 포함하고 있다. 아울러 온라인 플랫폼 사업자는 CSA와 협력하여 공공질서를 어지럽히거나 투표의 진정성에 영향을 미칠 가능성이 있는 허위정보의 확산을 방지하기 위한 조치를 취해야 한다.

그러나 좌파 민주당과 공화당 소속 국회의원들은 이러한 조치가 검열의 가능성을 내포하고 있으며 따라서 표현의 자유를 침해할 수 있다고 간주한다. "페이스북, 유튜브, 트위터가 독일처럼 엄청난 벌금을 내야하는 위험에 처하게 된다면, 콘텐츠를 신속하게 삭제해야 하는 상황을 만들지 않기 위해 이 회사들은 차라리 엄청난 검열을 선호할 것이 자명하다"는 것이다.

온라인 플랫폼에서 표현의 자유에 대한 정부의 강한 규제는 필연적으로 사용자에 대한 사기업에 의한, 형식적으로는 자율적인 형태를 띤

검열을 초래할 수밖에 없다. 페이스북, 구글, 마이크로소프트 그리고 트위터 등 주요 거대 디지털 플랫폼이 모여 만든 협회인 ASIC Association des Services Internet Communautaires 역시, 2018년 10월 CNIL 프랑스 정보자유국가위원회 와 유럽위원회에 이 조항의 문제점들을 지적하는 서한을 보냈다.

이들은 이 법안이 개인정보 보호에 관한 일반 규정과 상충될 가능성에 대해 우려를 표명했다. 중요한 투표를 앞둔 선거 기간 동안, 정보 조작 대처에 관한 법안은 디지털 플랫폼 운영자에게 '공적 토론과 관련된 정보 콘텐츠'를 홍보하기 위해 기금을 지급한 이의 신원에 대해 공정하고 명확하며 투명한 정보를 사용자에게 제공해야 하는 의무를 규정하고 있는데, 이에 대해 ASIC은 "이 의무는 기업에 국한되지 않고 자연인에게도 적용된다"라면서 "자연인의 신원에 관한 투명성에 대한 의무는 기존의 법률과 상충될 수 있다"라고 지적한 것이다.

아울러 이 법안이 규제 대상 콘텐츠를 "모든 사람에게 공개적으로 배포되지 않은 콘텐츠를 포함, 정보 플랫폼에서 유통되는 모든 콘텐츠에 적용"하고 있기 때문에, 사적인 성격의 정보 콘텐츠가 공개적으로 노출될 가능성을 제기했다.

다섯째, 이미 존재하는 허위정보 관련법과의 관계
허위정보의 유포를 차단하기 위한 '정보 조작 대처에 관한 법안'에 대한 비판 중 하나는 허위정보에 관한 법적 규제가 이미 존재한다는 것이다. 허위 뉴스를 규제하는 언론법 제27조가 대표적인 조항이고, 아울러 선거법 97조는 투표의 진정성에 영향을 미치는 정보를 규제하고 있다.

언론법 전문 변호사인 바질 아데르Basile Ader는 "굳이 새로운 법을 제정할 필요 없이 1881년 언론법으로 지금 벌어지는 허위정보를 둘러싼 문제들을 해결할 수 있다"고 주장한다. 그에 따르면 언론법의 허위 뉴스 전달과 명예훼손 범죄 조항을 통해 선거 기간 동안의 허위정보에 대처 가능하다.

그는 "허위 뉴스가 공공의 안녕을 해칠 가능성이 있다면 검찰은 언제든지 이를 기소할 수 있는데, 바로 선거 결과에 관한 허위 뉴스가 그 사례일 것이다. 그리고 언론법은 선거 기간에 한해 그러한 허위 뉴스에 대해 긴급한 조치를 할 것을 이미 규정하고 있다. 또한, 선거 후보자에 대한 허위정보의 경우, 그것이 개인의 명예나 평판을 해치는 경우라면 명예훼손으로 고소하면 될 일이다."라고 주장했다.

3

독일 네트워크 법집행법의 세부 내용과
최근 동향

독일은 2010년대 이후 난민 문제로 인한 극심한 정치적 사회적 갈등을 겪어 왔다. 독일 정부의 난민 수용 정책에 반대하고 반 이슬람 성격을 보이는 극우 단체 페기다Pegida를 선두로 반이슬람 및 외국인 혐오 분위기가 퍼지기 시작했고, 온라인과 소셜 네트워크 서비스에서 무분별하게 이루어지는 혐오 발언과 가짜 뉴스의 등장이 사회적 문제로 인식됐다.[13] 페기다는 '서양의 이슬람화를 반대하는 애국 유럽인들의 모임Patriotische Europaer gegen die Islamisierung des Abendlandes'의 줄임말로 2014년 10월 창립된 극우성향의 반이슬람, 반난민 단체다. 특히 페이스북, 유튜브, 트위터 등 소셜 네트워크 서비스를 통해 이루어지는 논쟁이 공격적이고 모욕적, 혐오적인 경향을 보이면서 이에 관한 규정이 필요하다는 공감대가 생겨났다.

또 시리아에서 넘어온 10대 난민 아나스 모다나미Anas Modanami

는 2015년 9월 베를린 난민보호소를 찾은 앙겔라 메르켈 독일 총리와 셀카 사진을 찍었다.[14] 그가 메르켈과 휴대전화로 사진을 찍는 동안 메르켈은 엄지손가락을 치켜들고 미소를 보였다. 이 사진은 메르켈의 난민 수용 정책을 상징하는 이미지가 됐다.

하지만 2016년 말 베를린 크리스마스 시장에서 차량 돌진 테러가 발생하자 두 사람이 테러 현장을 배경으로 셀카를 찍은 것처럼 꾸민 합성사진이 트위터에 등장했다. 같은 해 3월에 일어난 벨기에 브뤼셀 연쇄 테러 용의자의 사진을 보여 주며 "메르켈이 테러리스트와 사진을 찍었다"는 가짜뉴스도 페이스북에 유포됐다. 이 같은 가짜뉴스는 지난해 9월 독일 총선을 앞두고 메르켈을 흠집 내기 위해 기승을 부렸다.

이러한 문제에 대응하기 위해 독일 정부는 2015년 말, 일차적으로 하이코 마스Heiko Maas 법무부 장관 주도로 태스크포스를 설치해 SNS 기업들에 자발적으로 가짜뉴스를 삭제하도록 유도했다. 하지만 목표치의 50%에도 미치지 못하자 온라인상의 혐오범죄를 제대로 관리 혹은 처벌할 수 있는 법안 제정에 착수했다.[15]

이러한 과정 끝에 제정된 소셜 네트워크에서 법집행 개선을 위한 법: 이하 일명 네트워크 법집행법Network Enforcement Act·NetzDG은 표현의 자유를 침해한다는 강한 비판에도 불구하고 2017년 9월 1일 제정, 10월 1일자로 발효되었다.[16] 이 법의 제정을 위해 연방정부와 의회교섭단체가 유사한 내용의 법안을 발의했다.

이 법안은 혐오 표현에 대한 규제를 주된 내용으로 하지만, 연방 법무부 장관 하이코 마스Heiko Maas가 밝힌 것처럼, 소셜 네트워크 서비스에서 거짓이 사실처럼 유포되고, 혐오 발언이 공공연하게 표출되고 있는 현실에 대응했다는 점에서 '가짜뉴스와 혐오 표현' 방지가 목적임을 명확히 하고 있다.[17]

네트워크 법집행법의 제정 이전에는 2007년에 제정된 전자정보법률을 적용해 온라인 서비스 제공자OSP 에게 책임을 부과했다.

우선 전자정보법률 제7조에서는 텍스트, 화상, 음성 등으로 된 정보를 제공하는 자Content-Provider가 제공하는 자신의 정보에 관해 일반적인 법률에 따른 책임을 부담한다고 규정하고 있다. 이는 전자정보법률 그 자체로는 OSP에게 어떠한 책임도 발생시키지 않는다는 의미다. 나아가 전자정보법률 제7조에서는 타인의 정보와 관련된 OSP의 책임에 대해서도 규정하고 있다. 이에 따르면 OSP는 타인의 정보에 대해 감시 및 조사 의무가 존재하지 않으나 일반적인 법률에 따라 정보의 이용을 제거하거나 차단하는 의무를 부여받는다. 이에 따라 OSP는 발생한 손해에 대한 배상 의무를 면책받기 위해서는 타인의 위법한 행동 또는 정보에 대해 인지한 경우, 정보를 제거하거나 정보로의 접근을 차단하기 위해 지체 없이 행동해야 한다. 일반적으로 2주 내에 OSP가 정보 제거 및 차단 행위를 한 경우 면책된다고 할 수 있다.

이렇듯 전자정보법률이 있었음에도 네트워크 법집행법이 나오게 된 이유는 페이스북, 유튜브 및 트위터와 같은 소셜 네트워크 상에서 이루어지는 혐오 범죄, 특히 인신공격적 토론을 막기 위한 의도가 포함되어 있다.[18]

그와 동시에 형사처벌을 받을 수 있는 가짜뉴스를 억제하기 위한 목적도 매우 중요한 입법 배경으로 거론된다. 물론 이를 위해 이미 2015년 독일 법무부는 사업자 및 시민사회의 대표들과 함께 구성된 전담반을 구성하는 등의 여러 가지 시도를 했지만 혐오 범죄 및 가짜뉴스 등을 이유로 한 이용자들의 불만 사항 처리가 즉시 처리되지 않아 혐오 발언 및 가짜뉴스가 지속적으로 배포되고 있다는 의견이 끊임없이 제기되었다. 새로운 법률안에서는 이러한 문제를 해결하기 위해 소셜 네트워크를 운영하는 사업자에게 이용자의 불만 사항 처리를 신속하게 처리하도록 매우 광범위한 의무를 부과했다. 특히 이하에서 살펴보게 될 '24시간 규정' 등으로 인해 전자정보법률 제10조에 따른 OSP의 면책 규정은 상당 부분 그 자체의 의미를 상실하는 상황이 발생하게 되었다.

네트워크 법집행법의 주요 내용은 소셜 네트워크 서비스의 혐오 발언과 불법적인 게시물에 대한 사업자의 책임을 강조하는 것이다. 네트워크 법집행법 제1조에서 정의하는 소셜 네트워크 서비스는 인터넷상에서 이익을 목적으로 운영되는 서비스로 사용자가 자유롭게 게시물을 올리고 타인과 공유하며 대중에게 공개할 수 있는 플랫폼으로 한정된다. 페이스북, 트위터, 유튜브 등 200만 명 이상의 사용자가 있는 소셜 미디어 플랫폼에 적용된다. 언론사가 관리 책임을 지는 언론사 사이트의 경우는 이 법의 적용 대상에서 제외된다.

여기에서 '불법적인 게시물'이란 독일 형법상 국민 선동 및 모욕, 신앙 및 종교 단체에 대한 모욕, 음란물 배포 및 사생활 침해 등 온라인에서 이루어질 수 있는 거의 대부분의 불법 행위를 포함한다.

독일 네트워크 법집행법 제1조 제3항에서는 법률에서 말하는 위법한 내용을 다음과 같이 정의하고 있다.

독일 형법전 제86조(헌법에 위반된 조직의 선전수단 유포죄), 제86조a(헌법에 위반된 조직의 표시 사용죄), 제89조a(심각하게 국가를 위해하는 권력형 범행 예비의 죄), 제91조(심각하게 국가를 위해하는 권력형 범행 실행 지시의 죄), 제100조a(국가 반역적 위조의 죄), 제111조(범행의 공개적 권유의 죄), 제126조(범행의 위협을 통한 공적인 평화 교란죄), 제129조(범죄 단체 구성의 죄), 제129조a(테러 단체 구성의 죄), 129조b(외국의 범죄 단체와 테러 단체 구성의 죄), 제130조(국민 선동의 죄), 제131조(폭력 표현의 죄), 제140조(범행에 대한 보수와 찬성의 죄), 제166조(신앙 고백, 종교 단체, 가치관 결사 비방의 죄), 제184조(공적인 모욕 유발죄), 제184조d(방송이나 정보 서비스를 통한 포르노 콘텐츠 제공의 죄, 정보 서비스를 통한 아동 또는 청소년

포르노 콘텐츠 요청의 죄), 제185조(모욕의 죄), 제186조(악의적 비방의 죄), 제187조(명예훼손의 죄), 제201조a(사진 촬영으로 최고의 인격적의 영역을 침해한 죄), 241조(협박의 죄), 제269조 (중요한 증거가 되는 데이터 위조의 죄)에 해당하는 사항

이와 관련하여 네트워크 법집행법 제 2조 제1항 및 제3조 제2 항에 따르면 위법한 내용에 대한 사전적 판단이 이루어져야 하 며, 이러한 판단은 결국 OSP에게 맡겨져 있다.

OSP는 위법한 내용에 대한 불만 사항 접수 방식 및 위법한 정 보의 삭제 및 차단에 대한 결정기준을 제시해야 한다. 불만 사항 의 접수 방식과 관련해서는 기술적 방식뿐만 아니라 이메일 주 소 또는 전화번호와 같이 구체적으로 불만 사항을 접수하기 위 한 방식 및 처리되기까지의 방법에 대해서도 밝혀야 한다. 정보 의 삭제 및 차단은 위법한 내용에 대해서만 이루어져야 하는데, 입법 이유서에 따르면 독일의 형사법 규정 또는 업계의 기준이 정보의 삭제 및 차단의 결정 기준으로 적시되어 있다. 이는 결국 앞서 살펴본 독일 네트워크 법집행법 제1조 제3항에서 지적된 형벌의 사유화라는 문제가 다시금 지적될 수밖에 없는 부분이 다.

네트워크 법집행법에서는 전자정보법률에서 정하고 있는 OSP 에게 인지 후의 의무가 아니라 인식 및 책임이 존재하지도 않는 상황에서 의무를 포함해서 위법한 내용의 판단 의무도 부과하고 있는 것이다. 이로 인해 결국 국가가 책임져야 할 형벌의 부과를 사유화한다는 비판이 제기될 수 있다.

페이스북, 유튜브 등 소셜 네트워크 서비스 사업자는 사용자가 올린 불법적인 게시물에 대해 신고하거나 불만을 접수할 수 있는 조직 및 기구를 만들어야 하며, 이 업무를 담당하는 사람은 해당 분야 및 언어의 전문성이 보장되어야 하고 업무에 걸맞은 교육이 이루어져야 한다고 명시되어 있다. 신고된 게시물이 명백하게 위법적인 경우에는 신고가 들어온 이후 24시간 이내 삭제하거나 게시물에 대한 접근을 금지시켜야 한다. 그 외의 위법적인 게시물은 신고가 들어온 지 7일 이내에 처리되어야 한다.

뉴스 편집 서비스를 제공하는 플랫폼을 경영하는 OSP는 네트워크 법집행법이 아닌 전자정보법률 제7조 및 제10조의 적용을 받는다. 그러나 개별통신Individual kommunikation 예를들면 왓츠앱과 같이 및 특정한 내용spezifische Inhalte을 제공하는 OSP는 네트워크 법집행법의 적용 대상이다. 따라서 개별통신을 주로 하게 되는 카카오톡KakaoTalk 및 페이스북과 같이 메신저 서비스를 제공하는 경우가 여기에 포함된다.

독일 네트워크 법집행법 제1조 제2항에서는 독일에서 소셜 네트워크에 등록된 이용자가 200만 명 미만인 경우에는 소셜 네트워크 제공자는 제2조 내지 제3조에 따른 의무를 부담하지 않도록 규정함으로써 등록자 수를 기준으로 네트워크 법집행법에 따른 의무를 부담하는 OSP를 한정하고 있다. 이는 최소 제한Bagatellgrenze의 원칙을 실현하기 위한 목적으로 볼 수 있다.

네트워크 법집행법 제2조 '보고 의무' 조항에 따르면 소셜 네트워크 서비스 사업자는 불법 게시물 신고 및 불만 접수 처리 결과에 대해 6개월마다 독일어로 된 보고서를 작성해 공개해야 한다. 해당법 규정을 위반할 경우 서비스 사업자에게 최대 500만 유로의 벌금이 부과된다. 이 법은 소셜 네트워크 서비스 내에서 공유되는 게시물에 대한 관리 책임을 일차적으로 해당 사업자에게 부과한 것이다. 이 법이 겨냥하는 대표적인 온라인 플랫폼인 페이스북, 유튜브, 트위터 등이 미국을 기반으로 한 업체라는 점을 감안해 담당 인력의 전문성 및 보고서 발행에 있어서 독일어를 강조했다. 이 법으로 인해 소셜 네트워크 서비스 사업자는 해당 법이 요구하는 수준의 불만 접수 기구를 신설하고 반년마다 보고서를 작성해야 하는 부담을 안게 되었다.

이 법에서 눈에 띄는 점은 소셜 네트워크 서비스 사업자가 불법 게시물 관련 업무를 '인정받는 규제된 자율 규제 기구'에 맡길 수 있다고 밝힌 부분이다. 여기서 '규제된 자율 규제 기구'의 조건은 심의의 독립성이 보장되고, 7일 이내에 심의가 가능한 물리적 환경, 심의 절차 및 재심의 가능성이 규정되어 있으며, 불만 접수 기구가 마련되어 있어야 한다. 한 기구가 여러 소셜 네트워크 서비스 플랫폼의 심의를 함께 맡는 경우에는 이를 처리할 수 있는 능력이 확실하게 보장될 때만 가능하다. 이 조항에 따르면 소셜 네트워크 서비스를 전담하는 자율 규제 기구가 새롭게 설립되거나 기존의 미디어 자율 규제 기구가 확대될 수 있는 가능성도 생긴 것이다.

네트워크 법집행법 시행 이후 가짜뉴스와 관련하여 적발된 사례는 독일 만하임을 기반으로 운영 중인 온라인 신문 '라인넥카블로그Rheinneckarblog'이다. 이 신문은 2018년 3월 25일 오후 3시 47분에 "만하임에서 대규모 테러 공격"이라는 제하의 단독 기사를 보도했다. 기사 첫 문단은 이렇게 시작된다.[19]

"서유럽에서 가장 큰 테러 공격이 만하임에서 발생했다. 현재 136명이 사망했고, 237명이 크게 다쳐 일부는 생명이 위급하다. 약 50여 명의 테러리스트들은 마체테 칼과 다른 종류의 칼을 들고 사방에서 시내 쪽으로 들이닥쳤다. 이들은 동시에 두 명씩 짝을 지어 25곳을 공격했고, 묵시록에서나 볼 수 있는 피바다를 야기했다."

라인넥카블로그는 이 기사를 게재하면서 언론사의 페이스북 페이지에도 기사 링크를 공유했다. 하지만 이 기사는 마치 소설을 쓰는 것처럼 완전히 꾸며낸 가짜뉴스였다. 라인넥카블로그가 기사를 올린 지 15분 만에 만하임 경찰은 트위터를 통해 해당 뉴스는 가짜뉴스라고 밝혔다. 하지만 가짜뉴스는 이미 다른 미디어와 소셜 네트워크를 통해 빠르게 전파된 이후였다. '라인넥카블로그'도 경찰의 트위터 게시물을 캡처한 후 해당 기사에 다시 삽입했지만 기사를 수정하거나 삭제하지 않았다.

라인넥카블로그의 가짜뉴스와 관련하여 독일 언론평의회에 총 4건의 불만이 접수되었다. 이에 대해 라인넥카블로그는 해당 뉴스는 픽션이 가미되고 문학적인 성격을 지닌 저널리즘이라며 편집국이 앞으로 발생할 수 있는 위협적인 상황과 가짜뉴스에 대해서 더 예민하게 반응할 수 있도록 의도된 것이라고 해명했다. 또한, 확인 없이 거짓 뉴스를 퍼뜨린 다른 매체에 더 큰 잘못이 있다고 반박했다. 하지만 독일 언론평의회는 해당 매체의 거짓 뉴스가 언론의 신뢰성을 현저하게 손상시키는 행위라며 2018년 7월 불만처리위원회 심의를 통해 가장 높은 수준의 제재인 공개경고 결정을 내렸다.

독일 언론평의회 불만 심의에서 특히 지적되었던 부분은 라인넥카블로그의 유료 콘텐츠 운영에 관한 것이었다. '라인넥카블로그'는 특정 기사의 경우 중간에 결제를 요구하는 팝업창을 띄우면서 결제를 해야만 기사를 끝까지 읽을 수 있는 방식으로 운영되고 있었다. 논란이 되었던 가짜뉴스도 유료 기사 중 하나였는데, 기사가 가짜뉴스라는 설명이 이 결제 팝업창 뒤로 가려져 있었던 것이다. 결국, 이 가짜뉴스는 '라인넥카블로그' 측의 주장과는 달리 해당 매체에 대한 시선을 끌고 결제를 유도하기 위한 것이라는 판정을 받았다. 이 사안은 인터넷 언론과 가짜뉴스, 가짜뉴스에 대한 반응 및 대처, 온라인 매체의 유료 콘텐츠 등 디지털 환경에 따르는 언론의 이슈를 한꺼번에 보여 주는 사례로 주목을 끌었다.

한편 이 가짜뉴스 사건은 만하임 법원이 벌금형 약식명령을 내리면서 또 다른 전환점을 맞이하게 된다. 독일 만하임 법원은 2018년 7월 12일 라인넥카블로그가 가짜뉴스를 발행한 것은 사기 및 인격권을 침해하고 공공의 평화를 위협한 행위라면서 9,000유로 벌금형을 내렸다. '라인넥카블로그' 측은 즉시 이의를 제기해 이 가짜뉴스에 대한 판단은 정식 재판으로 회부된 상태다. 이 사건은 언론사의 '가짜뉴스'에 대한 독일 법원의 첫 판결이 될 예정이다.

또 하나의 관련 사례는 혐오 게시물에 대한 뉴스 포털의 책임관 관련된 것이다. 독일의 온라인 포털 사이트 중 하나인 'OVB24.de'에서는 지역의 정당이나 협회가 회원 가입을 한 후 조직의 보도자료나 기고문을 직접 올릴 수 있다. 이렇게 제3자가 올린 게시물은 '외부 제공 게시물Inhalte Drittanbieter'로 표시된다.

독일 언론평의회는 2017년 12월 이 사이트에 올라온 독일 정당AfD 소속 정치인의 국민 선동적인 게시물에 대해 '공개경고' 결정을 내렸다고 밝혔다.[20] 언론 윤리 강령은 인터넷에서 사용자가 직접 올린 게시물이라고 하더라도 언론의 기본 원칙을 지켜야 하며, 이는 사이트를 관리하는 언론사의 책임이라고 밝히고 있다. 따라서 민족주의 극우 성향 정당인 AfD 소속 정치인이 올린 혐오적 발언이 담긴 게시물을 그대로 올린 것은 언론 윤리 강령에 어긋나는 것이라고 독일 언론평의회는 지적했다. 사용자의 게시물이 언론의 기본 원칙을 준수하지 못했다고 판단되었을 때는 게시물을 발행해서는 안되며 '제3자 제공'이라는 표현만으로는 부족하다고 설명했다.

이 사례는 독일 언론평의회가 특정 언론사 사이트뿐만 아니라 뉴스 서비스를 제공하는 온라인 포털 사이트도 심의 대상으로 삼고 있으며, 언론사가 직접 생산하는 기사가 아닌 제3의 사용자가 생산한 내용을 '전달'하는 것만으로도 '공개경고'의 대상이 될 수 있다는 것을 보여 주고 있다.

네트워크 법집행법은 이미 시행이 되고 있지만 여전히 많은 비판을 받고 있다. 이 법이 도입되자마자 독일 극우 정당인 독일을 위한 대안AfD 소속 정치인이 규제 대상에 올랐다.[21] AfD 부당수인 베아트릭스 폰 슈토르히Beatrix von Storch 의원은 쾰른 경찰이 공식 트위터에 아랍어로 새해 인사를 올린 것에 대해 "야만적이고 집단 성폭행하는 이슬람 남성을 달래기 위한 것"이라는 비난성 글을 올렸다가 삭제당했다.

이에 AfD 공동 원내대표인 알리체 바이델Alice Weidel은 "페이스북이 해를 입히는 이주민에게 굴복하고 있다"면서 슈토르히 의원에 동조했지만 페이스북은 이를 또 삭제했다. 소속 의원들의 규제가 잇따르자 AfD는 이를 맹비난하고 나섰다. 알렉산더 가울란트Alexander Gauland AfD 공동대표는 "표현의 자유가 끝났다"면서 "옛 동독의 국가보안부의 검열을 떠올리게 한다"고 비판했다.

AfD뿐만 아니라 다른 야당들도 이 법안에 반대 의사를 드러냈다. 입법 당시 자유민주당, 녹색당, 좌파당 등 야당은 이 법안이 표현의 자유를 침해한다며 반발했다. 콘스탄틴 폰 노츠Konstantin von Notz 녹색당 대표는 "극단적인 콘텐츠에 대한 규제는 필요하다"면서도 "NetzDG는 의회에서 충분한 논의 없이 통과된 만큼 큰 결함이 있다"고 주장했다. 야당이 문제 삼은 것은 어떤 것을 가짜뉴스로 정할지 판단하는 주체가 사법기관이 아닌 민간기업이라는 점이다. 특히 페이스북, 트위터 등 미국 기반의 SNS 업체에 가짜뉴스를 판별할 수 있는 권한을 부여한 점이 표현의 자유 침해로 이어질 수 있다는 점을 강조했다. 니콜라 비어Nicola Beer 자유민주당 사무총장은 "지난 며칠간 지켜본 결과 SNS 운영사들이 게시글을 불법인지, 단순 풍자인지 구별하지 못했다"면서 "민간기업에 모든 감시 활동의 권한이 부여되는 것은 문제"라고 주장했다.

언론계 역시 표현의 자유를 제한하는 위헌적인 법률이라고 비판하고 있다.[22] 독일잡지발행인협회VDZ, 디지털 관련 산업 분야 협회인 비트콤Bitkom, 독일의 국경없는 기자회 등은 해당 법률에 대한 반대 의견을 명확하게 밝혔으며, 여야와 좌우를 막론한 정치권의 비판도 거세다. 네트워크 법집행법이 강한 벌금으로 사업자를 압박하면서 신고된 게시물을 제대로 심의하기보다는 일단 삭제 조치를 취할 가능성이 높다고 보기 때문이다. 또한, 페이스북 등 운영자의 자의적인 판단으로 삭제 조치가 이뤄질 수도 있기 때문에 표현의 자유를 침해하고 검열 기능으로 사용될 위험성도 있다.

독일 기사당 CSU은 불법적인 게시물의 경우 직접 삭제하기보다는 사업자가 형사 고발 조치를 하도록 의무를 부과하고, 불법 게시물의 피해자가 직접 신고하고 고소하는 경우 필요한 서류를 제공하도록 해야 한다며 법률 개정의 필요성을 주장하고 있다.[23] 네트워크 법집행법에 대한 논쟁은 여전히 진행 중이다.

4

미국의 허위정보 해결을 위한
정책 백서와 규제 동향

미국의 경우 수정헌법 제1조에 의해 가짜뉴스 혹은 허위정보에 대한 법적 규제의 제약을 받고 있지만, 온라인 플랫폼 업체들의 책임과 의무에 대한 논란은 지속적으로 제기되어 왔다. 특히 2018년 2월, 2016년 미국 대선에서 러시아가 개입했다는 의혹을 수사하고 있는 로버트 뮬러Robert Mueller 특검은 페이스북 플랫폼이 주요 도구 중 하나로 활용됐음을 확인했다.[24]

이와 함께 러시아 상트페테르부르크에 위치한 인터넷 리서치 회사 IRAInternet Research Agency가 의도적으로 특정 후보를 지지하거나 비방하는 메시지를 소셜 미디어를 통해 전파한 혐의로 기소되기도 했다. 페이스북과 같은 소셜 미디어에 광고를 올리거나 페이지를 만들어 선동하는 것은 전형적인 선전 수법의 하나로 밝혀지고 있으며 이 역시 미국 민주주의에 대한 중대한 공격으로 여겨지고 있다.

미국 민주당 소속 버지니아주 마크 워너Mark Warner 상원의원은 2018년 7월, 소비자를 보호하고 허위정보의 확산을 막기 위해 정부가 기술 기업들을 규제할 수 있는 20가지 옵션이 수록된 정책 초안을 발표했다.[25] 구 중 주요 내용을 보면 다음과 같다.

워너 의원은 우선 유럽에서 2018년 5월 25일부터 시행하고 있는 유럽연합의 일반개인정보보호법EU General Data Protection Regulation, 이하 GDPR을 미국에서도 적용할 것을 제안했다. GDPR은 정보 주체의 권리와 기업의 책임성을 강화하기 위한 법률로 '정보를 제공받을 권리', '열람권', '정정권', '삭제권', '처리 제한권', '이동권', '반대권', '프로파일링을 포함한 자동화된 의사결정을 반대할 수 있는 권리' 등이 포함되어 있다.[26]

GDPR은 개인정보의 파괴, 손실, 변경, 허가받지 않은 공개 또는 접근 등을 일으키는 보안 위반을 개인정보 침해로 인정한다. 컨트롤러 또는 프로세서가 개인정보 침해를 인지했을 때 감독 기구 또는 정보 주체에 통지할 의무가 있다. 감독 기구 신고는 72시간 내에 이뤄져야 한다. 여기서 개인정보 침해 사고의 인지 시점 기준은 개인정보의 침해로 이어진 보안 사고의 발생을 컨트롤러가 합리적인 수준에서 확신한 때로 본다. 72시간을 넘기는 경우 지체된 사유를 함께 통지해야 한다.

GDPR은 또 시행 이전부터 높은 과징금으로 이슈가 됐다. GDPR을 심각하게 위반할 경우 최대 2,000만 유로약 250억 원 또는 전 세계 매출액의 4%를 과징금이 부과돼 기업들은 치명상을 입을 수 있다.

워너 의원은 또 인공지능 기술이 점점 더 정교해짐에 따라 봇과 사람들 간의 구별이 점점 더 어려워질 것임을 전제하고 기술 기업들이 봇 계정에 라벨을 붙이는 규칙을 제안하고 있다.[27] 이 옵션에는 기술 기업들이 가짜 계정을 식별하고 개별 게시물의 출처를 추적하도록 하는 규정들도 포함되어 있다.

또 하나의 제안은 구글과 같은 검색 엔진, 페이스북과 트위터와 같은 소셜 미디어 네트워크, 버라이즌과 컴캐스트와 같은 인터넷 서비스 제공 업체, 애플, 아마존, 마이크로소프트 같은 클라우드 서비스 제공 업체 등 주요 온라인 서비스 제공자들을 '정보 수탁자'로 분류하고 그에 대한 법적 의무를 규정한 것이다. 이 규정에 따르면 기술 기업들은 소비자 데이터를 보호하고 자체 이익이나 제3자의 이익을 위해 데이터를 조작하거나 사용하지 않겠다는 약속을 해야 한다. 그밖에 인터넷 플랫폼이 명예훼손이나 사생활 침해와 같은 불법 행위에 대한 법률 책임을 지도록 하는 내용들을 포함하고 있다.

워너 의원이 제안한 옵션 중 가장 논쟁적인 안건은 통신품위법 230조를 통해 제3자가 포스팅한 콘텐츠에 대해 온라인 플랫폼의 법적 면책을 약화시키는 것이다. 이 법은 실리콘밸리 내에서 온라인 기업에 가장 중요한 법적 보호책이자, 페이스북, 트위터, 유튜브처럼 미국에 기반한 플랫폼이 세계적인 영향력을 얻게 된 중요한 원인으로 널리 알려져 있다. 따라서 워너의 이 제안이 효력을 발휘한다면 온라인 플랫폼 업체들은 크게 반발할

것으로 예상되고 있다.[28]

그밖에 미디어 리터러시 교육을 강화를 제안하고 이를 위해 연방 기금을 편성하고 주단위로 관리할 것을 제안했다.

미국에서의 규제 사례

2016년 미국 대통령 선거 기간 중에 워싱턴 DC에 있는 한 피자가게에서 총기 사고가 발생했다. 총격범은 민주당 대선 후보 힐러리 클린턴Hillary Clinton이 아동 성착취 범죄에 연루되어 있고, 근거지가 해당 피자 가게라는 가짜뉴스를 보고 범행을 저지른 것으로 알려졌다.[29]

하지만 피자 가게 주인이나 클린턴을 비롯한 관련된 자 중에 가짜뉴스를 유포한 사람을 명예훼손으로 제소한 사람은 없었다.[30] 이는 가짜뉴스에 대한 명예훼손 소송이 쉽지 않기 때문이다. 대부분 가짜뉴스는 익명으로 배포되기 때문에 고소인의 명예를 훼손한 피고인을 밝혀내기 쉽지 않고 피고인이 국외에 거주하는 경우도 많다.[31] 또한, 가짜뉴스가 경제적 이익을 위해 만들어지기도 한다는 사실을 고려해볼 때 피고인이 명예훼손 소송을 진행할 비용과 소송 결과로 인해 지급하게 될 손해 배상금을 가지고 있지 못할 가능성 역시 존재한다.[32]

또한, 발언과 출판의 자유를 보장하는 수정헌법 1조와 통신품위법 230조항Communication Decency Act, 47 U.S.C. §230을 비롯해 현존하는 법적 체계가 가짜뉴스의 생산을 줄이기 어려운 구조로 되어 있는 점 역시 가짜뉴스에 대한 법적 대응을 어렵게 한다. 앞서 살펴보았듯이, 수정헌법 1조는 공인이나 제한적 공인이 명예훼손에서 승소하기 위해 본인의 명예를 훼손한 정보를 만든 피고인이 현실적 악의가 있었는지를 입증하게끔 하고 있다. 고소인이 공인이 아닌 일반인인 경우에는 현실적 악의를 입증할 필요가 없지만, 때로는 일반인도 논쟁 사안과 관련되어 있을 경우 제한적 공인limited-purpose public figure으로 간주하여 현실적 악의를 입증해야 하는 경우가 존재한다.

또한, 가짜뉴스에 주로 포함된 의견, 과장, 풍자, 추정 등이 모두 수정헌법 제1조의 보호 하에 있어 명예훼손이 성립하기 어렵다는 점 역시 가짜뉴스에 대한 법적 소송을 어렵게 한다. 가짜뉴스로 인한 명예훼손에서 승소한다고 하더라도 다른 가짜뉴스가 등장할 가능성 역시 배제할 수 없다. 하지만 가짜뉴스를 배포하는 사람에 대한 명예훼손 소송이 불가능한 것은 아니다. 미국 기업 초바니와 가짜뉴스 및 음모론을 홍보하는 사이트 인포워스 infowars 운영자 사이에 일어난 명예훼손 소송 사건이 그 대표적 사례다.[33]

미국 요거트 기업인 초바니는 2017년 4월 24일 알렉스 존스 Alex Jones와 그가 운영하는 온라인 사이트 인포워스에 명예훼손 소송을 제기했다. 존스는 본인 이름으로 된 유튜브 채널을 통해

"초바니 창립자 울루카야Ulukaya가 2014년에 5세의 소녀를 성폭행한 적이 있는 이민자 소년들과 연관되어 있다"며, 해당 기업이 범죄 가능성이 높은 난민을 채용하고 있다는 내용의 영상을 배포했다. 이 채널을 구독하는 사용자 수는 200만 명이다. 이 영상은 인포워스의 트위터 계정에서도 공유되었으며 존스는 이를 재공유했다.

초바니는 인포워스가 초바니의 명예를 훼손한 게시물을 추정이 아닌 사실처럼 보도하여 기업의 명성을 훼손하고 사회적 비난이 쏟아지게 했으며, 사용자들에게 기업의 제품을 사용하지 말 것을 장려해 결과적으로 기업의 영업 이익에 손해를 끼쳤다고 주장했다. 또한, 존스와 그의 사이트가 영상을 제작하고 배포할 당시 이미 해당 진술이 거짓임을 알고 있었다며 현실적 악의를 가지고 있었다고 주장했다. 그 뒤 존스는 해당 게시물을 삭제하고 재공유하지 않을 것을 약속하며 유튜브 채널을 통해 사과하는 메시지를 전달했다.[34]

위의 사례는 (웹사이트가 정보 제작에 참여한 경우) 웹사이트에 대해서도 명예훼손으로 고소가 가능하다는 점을 보여 준다.[35] 하지만 모든 플랫폼에 대해 명예훼손 소송이 가능한 것은 아니다. 뉴욕타임스 대 설리번New York Times v. Sullivan, 1964 판결에서 알 수 있듯이 언론사는 신문에 실린 모든 정보에 대해 언론사나 직원이 그 정보를 직접 생산하지 않았더라도 정보 제공자로서 법적 책임을 지고 있다.

하지만 웹사이트나 소셜 미디어 플랫폼의 경우는 다르다. 통신품위법 230조항Communication Decency Act, 47 U.S.C. §230, 이하 §230은 상호 컴퓨터 서비스interactive computer service가 정보 생산에 참여하지 않고 단순히 제3자의 정보를 배포하기만 한 경우 웹사이트는 정보 배포자distributor로서 명예훼손의 책임을 지지 않는다고 본다.[36] 예를 들면 익명의 제3자가 웹사이트를 통해 배포한 광고에 거짓이 포함되어 있어 당사자에게 삭제 요청을 받았음에도 웹사이트가 해당 광고를 지우지 않은 경우에도 웹사이트는 명예훼손으로 처벌받지 않는다. 이는 자유롭게 정치적, 문화적 담론이 오갈 수 있는 환경을 조성하기 위한 것이다. 하지만 해당 조항은 때로 거짓이나 불법적인 발언이나 게시물을 보호하는 문제 역시 가지고 있다.

로이스터는 가짜뉴스 문제를 해결하기 위해서는 웹사이트에 가짜뉴스 배포자로서의 법적 책임을 묻는 것이 효과적이라고 주장하며 세 가지 방법을 논의한다.[37] 첫 번째 방법은 법정이 통신품위법 230조항의 면책특권을 보다 제한적으로 웹사이트에 적용해 문제를 해결하는 방식이다. 물론 웹사이트가 정보를 직접 생산하지 않는 한 웹사이트는 여전히 통신품위법 230조항의 보호하에 있지만, 법정이 정보 생산자에 대해 보다 폭넓게 정의한다면 처벌이 가능하다. 하지만 가짜뉴스의 생산 및 배포가 여전히 헌법에서 보호받는 발언 및 출판의 자유에 해당한다는 점에서 또 다른 법적 논쟁이 생길 여지가 존재한다.

두 번째 방법은 웹사이트에 발행인으로서의 법적 책임을 적용하는 것이다. 통신품위법 230조항이 만들어지기 전 모든 플랫폼 제공자는 해당 플랫폼에서 발행되는 정보에 대한 책임을 지고 있었다. 하지만 로이스터는 해당 변화가 웹사이트에 법적 소송의 위험에 대한 두려움을 가지게 해 사람들이 플랫폼에서 자유롭게 토론하는 것을 막고자 하는 동기를 제공할 수 있다고 본다. 웹사이트에 올라오는 모든 게시물과 정보를 검토하는 것 역시 현실적으로 가능하지 않다.

세 번째는 웹사이트가 해당 정보가 타인의 명예를 훼손할 수 있다는 점을 알고 있었거나, 알아야만 했던 경우에 한해 책임을 묻는 방법이 있다. 하지만 앞서 말했듯이 웹사이트가 플랫폼에 올라온 모든 정보를 검토하는 것은 불가능하다. 로이스터는 디지털 밀레니엄 저작권법Digital Millennium Copyright Act, 이하 DMCA 의 통지-삭제notice and takedown 방침처럼 사용자의 신고 및 요청에 따라 부적절한 게시물을 삭제하는 방식이 가능하다고 주장한다. 이 경우 웹사이트는 의심스럽거나 신뢰하기 어려운 출처의 정보에 대한 알람을 받거나 감시하는 구조를 만들고, 해당 정보를 평가한 뒤 합당한 조치를 취하면 된다. 하지만 이 방법 역시 정보의 최종 삭제 여부를 웹사이트의 판단에 맡겨야 한다는 한계가 존재한다. 다른 방법으로는 공인 및 제한적 공인의 명예훼손에 적용되는 현실적 악의 원칙과 비슷하게 플랫폼 제공자나 웹사이트가 거짓을 포함한 정보가 플랫폼에 존재함을 알고도 의도적으로 이를 남겨둔 경우에 법적 책임을 묻는 방법이 있다.

애플, 페이스북, 유튜브, 스포티파이 등 미국 주요 정보기술IT 기업이 2018년 8월 6일 각종 음모론으로 유명한 극우 성향 방송 진행자 앨릭스 존스의 온라인 방송 '인포워스' 일부 또는 전부의 서비스를 차단했다.[38] 처음 시동을 건 곳은 애플이었다. 애플은 인포워스와 연관된 팟캐스트 5개를 라디오 서비스 아이튠스에서 제거했다. 다만 애플 앱스토어에 올라와 있는 인포워스의 앱 자체는 규정 위반이 아니라며 남겨 뒀다. 이어 8월 6일에는 페이스북이 '지속적인 운영 규칙 위반'을 이유로 인포워스의 영상 일부를 삭제하고 앨릭스 존스의 개인 계정도 일시 정지했다. 구글 또한 '지속적인 증오 발언과 괴롭힘'을 문제 삼아 240만 계정이 구독하는 존스의 유튜브 계정을 폐쇄했다. 그러나 트위터의 잭 도시 회장은 다른 기술 기업들과 달리 "앨릭스 존스는 우리의 규약을 위반하지 않았다고 판단했기에 조치를 취하지 않았다"고 발표했다.[39]

존스는 도널드 트럼프 미국 대통령의 지지 기반이자 '알트라이트'로 불리는 신흥 우파 세력의 유명인 중 한 사람이었다. 존스를 지지하는 우파 온라인 유명인사들은 일제히 "대대적인 검열이 시작됐다"며 비판에 나섰다. 존스 본인도 자신의 방송에서 "이들이 원하는 것은 트럼프 대통령의 편에 선 나를 희생양으로 삼으려는 것"이라고 주장했다.

그러나 '표현의 자유'를 옹호해 온 학자들 사이에서도 존스를 지지하는 반응은 크지 않았다. 과거 9·11 테러 사건이 미국 정부가 내부에서 조작한 공격이라는 음모론을 펴고, 총기 규제론에 맞서 "26명의 사상자를 낸 2012년의 샌디 훅 고교 총기 난사 사건은 조작"이라고 주장한 바 있는 존스의 악명은 이미 널리 알려져 있었기 때문이다.

그러나 미국 언론들은 IT 기업이 존스의 계정을 폐쇄하고 방송을 삭제하는 조치가 적절했는지에 의문을 제기했다. CNN 방송에 따르면 애플, 페이스북, 유튜브 등의 움직임은 상호 조율된 것은 아니지만, 애플이 앞서 나가자 나머지 기업들이 따라서 결정한 측면이 없지 않았다. IT 기업들이 '가짜뉴스' 논란에 적극적으로 맞서기보다는 방관하고, 존스의 영상을 삭제하는 것처럼 행동에 나서는 것도 여론의 압박에 휘둘려 임의적으로 결정하고 있다는 것이다.

미국 보수 성향 논객이자 변호사인 데이비드 프렌치David French는 뉴욕타임스 기고를 통해 "존스의 방송을 폐쇄하는 조치에 이의는 없지만, 문제는 절차"라는 주장을 폈다. 기고에서 프렌치는 "미국 법에 따라 객관적인 기준을 적용하거나 사상의 자유시장을 존중하는 미국 전통에 입각하는 대신 기업이 임의의 모호한 기준을 사용하고 있다"라고 주장했다. 프렌치는 대안으로 "명예훼손이나 중상모략처럼 법에 정해져 있는 기준을 통해 온라인 매체상의 표현을 규제할 수 있다"는 제안을 내놓았다.

페이스북 또한 2018년 7월 31일 허위정보를 유포하는 다수의 페이지와 계정을 적발했다고 발표했다.[40] 이들의 허위정보 유포 행위는 상당히 정교했고, 페이스북은 해당 페이지와 계정을 모두 삭제했다고 밝혔다. 페이스북 조사에 따르면 2017년 3월과 2018년 5월 사이에 총 32개의 가짜 페이지와 계정이 생성됐다. 8개의 페이스북 페이지, 17개의 페이스북 프로파일, 7개의 인스타그램 계정이 여기에 포함됐다. 가짜 페이지와 계정들은 광고, 이벤트, 포스팅 등을 통해 총 29만 명의 이용자에게 메시지를 노출시킨 것으로 나타났다.

5

싱가포르 온라인 허위정보 해결을 위한
공론화 모델과 정책 방향

싱가포르 의회는 가짜뉴스에 대한 입법 문제를 논의하기 위해 2018년 1월, 10명으로 구성된 가짜뉴스 대책위원회Selective Committee를 구성했다.[41] 이 위원회는 설립 직후 시민들에게 가짜뉴스 퇴치와 관련된 의견과 제안을 공개적으로 요청했다. 이런 절차를 거쳐 위원회는 170개의 서면 의견서를 접수하고 3월 14일부터 8일간에 이르는 공청회를 개최했다. 이 공청회에서는 학자, 사이버 보안전문가, 소셜 미디어 관계자, 시민단체 관계자 등 165명이 의견을 진술했다.

이 과정에서 가짜뉴스 방지를 위한 법의 제정은 언론의 자유를 위축시킬 수 있다는 지적도 많이 제기되었다. 이에 대해 공청회에 참석한 산무감K. Shanmugam 법무부 장관이자 내무부 장관은 "사실 고의적 온라인 거짓말을 다루는 목적 중 하나는 언론의 자유를 보호하고 강화하는 것"이라고 밝혔다.

이러한 공청회 결과를 바탕으로 가짜뉴스 대책위원회는 향후 중점적으로 다룰 5개의 핵심 의제를 도출했다.

- 가짜뉴스에 대한 개념 정립
- 가짜뉴스 판별의 주체 문제
- 새로운 법이 제정될 경우, 그 법이 언론 자유에 미치는 영향
- 테크놀러지와 소셜 미디어 기업의 역할
- 미디어 리터러시 교육과 정보자유법에 근거한 시민의 권능 증진

이후 이 위원회는 2018년 9월 20일 '미디어 리터러시 공교육화', '양질의 저널리즘 지원' 등을 골자로 한 22개 온라인 허위정보 퇴치를 위한 권고안을 발표했다.[42] 주요 내용은 다음과 같다.

(온라인 허위정보 퇴치를 위한) 공공교육 프레임워크를 마련한다

정부는 온라인 허위정보 퇴치를 위해 공공교육 시행을 조정하고 가이드할 프레임워크를 마련한다. 학교의 경우, 그 프레임워크는 비판적 사고 능력을 부과해야 하며 허위정보 게시자의 동기와 주요 어젠다, 그들의 전략과 기법 등에 관한 동기와 어젠다들을 다루는 커리큘럼을 포함해야 한다. 도덕 및 시민 교육은 적극적이고 건설적인 공적 담론과 책임 있는 온라인 행동을 기르는 데 초점을 맞춰야 한다.

일반 대중들을 대상으로 한 교육 프레임워크는 정보 및 미디어 리터러시를 구축하는데 필요한 교육적 시도들을 가이드해야 한다. 이 프레임워크는 또한 정부의 정책을 조정해서 사회 모든 분야를 포함해야 한다. 정부는 자체 캠페인을 넘어 광범위한 확산을 위한 지원을 독려해야 한다.

정확한 저널리즘을 보장하기 위한 방안을 마련한다

뉴스 미디어 조직, 기술 기업들 그리고 고등교육 기관은 모든 배경의 저널리스트들에 대한 교육, 특히 정확성을 확보하기 위한 기법 등을 향상시키는 방법들을 고려해야 한다.

기자들은 디지털 팩트체킹에서 그들 스스로의 역량을 향상시킬 수 있는 방법을 사전에 찾아야 하며, 가짜뉴스 및 허위정보 캠페인이 어떻게 작동하는지에 대한 지식을 습득해야 한다.

주류 미디어 및 대안 뉴스 플랫폼들은 공정성, 정확성 및 성실 보도 차원에서 전문 언론인들에게 적용되는 수준의 원칙들을 준수해야 한다. 정부는 훌륭한 저널리즘 관행을 만드는데 필요한 지원 방법을 고려해야 한다.

사회적 연대 활동을 촉진시킨다

사회적 응집력을 높이는 조직과 활동들은 사회적 연대응집력에 영향을 미치는 왜곡과 거짓에 대한 정보와 그에 대한 설명을 제공해야 한다. 이것은 사람들 간의 상호작용과 중요한 이슈에 대한 의견을 교환하기 위한 '안전한 공간'을 만들어 냄으로써 성취될 수 있다.

사회적 응집력을 높이는 조직과 활동들은 각기 다른 입장, 이해관계를 가진 그룹들 사이의 허심탄회한 토론을 중재할 수 있다. 나아가 온라인 이용자들이 에코챔버 현상에서 벗어날 수 있도록 한다. 정부는 또 '왜 우리 사회가 취약할 수 있는지'를 위한 연구를 지속적으로 지원하고 수행해야 한다.

공적 제도 및 기관에 대한 신뢰도를 제고한다

공적 기관은 사람들이 잘못된 정보에 반응할 때 가질 수 있는 취약점을 미연에 방지할 수 있게 하고, 나아가 신중하게 의도된 거짓으로부터 면역력을 키우는 '예방 접종'을 맞을 수 있도록 사전에 정보를 제공해야 한다. 현재의 노력은 투명성과 사회적 책임 그리고 국민의 참여와 커뮤니케이션을 보장하는 방향으로 재검토되어야 한다.

팩트체킹의 연대를 고려한다

뉴스 미디어 및 그와 관련이 있는 분야의 파트너들은 거짓 정보들이 틀렸음을 신속하게 알리고 신뢰의 기반 위에서 그와 같은 활동을 할 수 있도록 지원하는 연합체 구축을 고려해야 한다. 다만 그 과정에서 '정부가 간섭하고 통제한다'는 오해를 불러 일으킬 수 있기 때문에 보다 투명하고 객관적인 절차와 방법을 마런해야 한다.

온라인 허위정보 퇴치를 위한 별도의 법을 제정한다

정부는 온라인상의 거짓 정보의 전파와 영향을 신속하게 분쇄시킬 수 있는 권한을 가지고 있어야 한다. 이를 위해 입법을 통해 온라인상의 거짓 정보에 신속하게 접근해서 그에 대한 노출을 제한하거나 차단시키고, 그러한 거짓들이 봇들이나 디지털 광고 도구들을 통해 확산되지 않도록 해야 한다.

그러한 법안은 수 시간 이내에 거짓 정보의 바이러스적 특성을 분쇄해야 하며 정당한 절차와 적절한 권한 행사를 보장하고 의사 결정 과정의 완전성을 사람들에게 보장하기 위한 적절한 보호 장치를 가져야 한다. 의사결정과정 또한 효과적이고 신뢰할 수 있어야 한다. 그 밖에 수정 및 알림에 대한 태그 지정, 권한의 이양, 접근 차단과 같은 조항들은 측정 가능한 방식으로 만들어져야 한다.

선거의 완결성을 담보해야 한다

고의적인 온라인 거짓 정보들이 선거 때 더 촉발되기 때문에 조치와 법안을 시행하는 것을 포함하여 싱가포르의 선거를 보호하기 위한 추가 조치가 정부에 의해 시행되어야 한다. 또한, 거짓 정보의 확산에 개입할 시기와 방법을 평가하는 조기 경보 시스템을 고려해야 한다.

문제를 일으킨 장본인들의 행위를 중단시켜야 한다

법안 내용에는 온라인 허위정보를 만들고 퍼뜨리는 사람들의 행위를 중단시킬 수 있는 권한이 필요하다. 이러한 권한들은 그러한 거짓 정보 제공자들의 디지털 광고 수익을 박탈하고 법원이 그들이 얻은 재정적 이득을 회수할 수 있도록 해야 한다. 그러한 권한은 거짓 정보를 만들고 전파하기 위해 다른 사람들에 의해 돈을 받고 '고용된 총잡이들'을 포함한다.

형사 처벌 등의 억제 조치가 필요하다

온라인 허위정보 가해자가 심각한 피해를 초래하는 등 형사범적 요건을 충족하면 그들을 처벌할 수 있는 억제 조치가 필요하다. 이러한 조치는 거짓 정보의 배후에 있는 기안자를 포함하여 사용된 방법과 행위자의 범위를 커버해야 한다. 그러나 위원회는 모든 온라인상의 거짓을 범죄로 규정할 것을 요구하는 것은 아니다. 온라인 허위정보를 제공한 사람이 심각한 피해를 입히고 형사범적 요건을 충족시켰을 때만 처벌을 해야 한다.

소셜 미디어 및 기술 기업에서 취할 조치

소셜 미디어와 기술 기업들은 거짓 정보의 확산을 방지하기 위한 사전 행동을 취할 필요가 있다. 이러한 사전 행동은 신뢰할 수 있는 콘텐츠의 우선순위를 정하는 일, 거짓 정보를 우선순위에서 배제하는 일, 그들의 계정과 거짓 정보의 확산을 위해 만들어진 네트워크들을 표시하고 라벨링하는 일 등을 포함한다.

기술 기업들은 의심스러운 행위자들에 대해 디지털 광고 도구의 사용을 조정하거나 제한할 수 있고, 이러한 도구가 거짓의 확산을 조장하거나 지원하지 않도록 할 수 있다. 기업들은 이러한 광고 도구의 투명성을 높이기 위해 노력해야 한다.

기술 기업들은 또한 온라인 정보 생태계를 깨끗하게 만드는데 기여하고 사용자가 출처 또는 태그 공개 등을 통해 그들이 받은 정보를 제대로 해석할 수 있는 수단을 구현해야 한다.

마지막으로 기술 기업들은 정기적인 자발적 보고 및 독립적인 감사를 수행하여 사용자, 국민 및 정부에 대해 그러한 역할을 제대로 수행했는지 설명해야 한다.

기술 회사를 규제할 수 있는 법제를 마련한다

페이스북, 구글, 트위터가 일반적으로 거짓에 기초한 정보에 반하는 행위를 하지 않는다는 정책을 취하고 있기 때문에 정부는 이러한 기업들이 고의적인 온라인 허위정보들을 제재하는 조치들을 채택하도록 법적으로 강제해야 한다.

또한, 솔루션을 개발하기 위해 기술 회사와 협력하고 문제 해결을 위한 자발적인 실천 지침이나 지침과 같은 규제 접근법을 채택해야 한다.

또한, 정부는 온라인 정보의 완결성을 보장하는 플랫폼, 제품 및 기술을 개발하기 위해 신생 기업 및 회사를 지원할 수 있다.

6

스웨덴의 허위정보 대응 매뉴얼

스웨덴은 2018년 1월, 9월에 있을 총선을 앞두고 허위정보와 외국의 조직적인 정보 조작에 대응하기 위한 기관으로 SPF Swedish Psychological Defense Board를 설립했다.[43] 사실에 기반한 공공 정보가 신속하고 효과적으로 전달될 수 있게 할 뿐만 아니라, 영향력 있는 시도들을 파악하고 분석 및 대응하는 데 기본 목적을 두고 있다. 그러나 다른 국가가 허위정보에 직접적으로 대응하는 것과는 달리, 사실적인 정보 유통을 촉진하는 데 초점을 맞추고 있다.

이런 가운데 2018년 5월 28일 민간위기관리청 MSB 주도하에 전쟁 및 위기 상황 발생 시 대처 요령을 수록한 20쪽 분량의 안내 책자 《If Crisis or War Comes》를 발간하면서 거짓 정보에 대한 대처 요령을 포함시켰다.[44] 이 안내 책자는 제2차 세계대전 중 배포되기 시작했다가 1980년대에 중단되었으나, 2014년 러시

아의 크림반도 합병을 계기로 증가하고 있는 안보 위협에 대응하기 위한 총력 방어total defence 전략의 일환에서 민간 위기관리 역량을 높이려는 목적으로 재발간했다. 이 중 거짓 정보에 대한 대응 요령만 간추려 설명하면 다음과 같다.

거짓 정보의 위험에 대비하라

정부와 기관들은 이미 잘못된 정보가 우리의 가치와 행위 양식에 영향을 미치려 하고 있다는 것을 잘 알고 있다. 잘못된 정보는 우리 스스로를 지키기 위한 의지와 원상 복원에 필요한 탄력성을 감소시키려 하고 있다.

거짓 정보와 적대적 선전에 대한 최선의 보호는 그 소스를 비판적으로 평가하는 것이다.

- 그 메시지는 사실적 정보인가 의견인가?
- 거짓 정보의 목적은 무엇인가?
- 누가 이것을 만들고 또 배포하는가?
- 소스는 신뢰할 만한가?
- 다른 곳에서 이용 가능한 정보가 있는가?
- 이 정보는 새로운 것인가 오래된 것인가? 그리고 왜 지금 이 시점에 거기에 있는가?

정보를 검색해라

- 선전과 거짓 정보에 대처하는 가장 좋은 방법은 과제를 행하는 것이다.
- 루머들을 믿지 마라.
- 그 정보가 정확한 것인가 아닌가를 알아보기 위해 하나 이상의 신뢰할 만한 소스를 활용해라.
- 루머들을 퍼트리지 마라.
- 만약 정보가 신뢰성 있어 보이지 않으면 다른 데로 보내지 마라.

Be on the lookout for false information

Emergency preparedness

States and organisations are already using misleading information in order to try and influence our values and how we act. The aim may be to reduce our resilience and willingness to defend ourselves.

The best protection against false information and hostile propaganda is to critically appraise the source:

- Is this factual information or opinion?
- What is the aim of this information?
- Who has put this out?
- Is the source trustworthy?
- Is this information available somewhere else?
- Is this information new or old and why is it out there at this precise moment?

- Search for information – the best way to counteract propaganda and false information is to have done your homework.
- Do not believe in rumours – use more than one reliable source in order to see whether the information is correct.
- Do not spread rumours – if the information does not appear trustworthy, do not pass it on.

7

유럽연합의 온라인 허위정보 대책

유럽연합 집행위원회는 2018년 4월 26일, '대 허위정보 실천 강령 제정', '팩트체킹 네트워크 구축', '양질의 저널리즘 지원', '미디어 리터러시 촉진' 등을 골자로 한 온라인 허위정보 대책을 발표했다.[45]

유럽연합의 이와 같은 대응은 부분적으로 유럽의회 선거를 포함, 2019년에 치러질 각종 선거에서 허위정보의 악용 가능성을 차단한다는 측면도 있지만, 보다 근본적으로는 민주주의가 뿌리째 흔들릴 수 있다는 위기의식에서 비롯된 것이다.

대책 보고서의 초안은 장 클로드 융커 Jean-Claude Juncker 유럽 위원회 위원장의 의뢰를 받아 디지털 경제 및 사회위원회 위원장 Mariya Gabriel가 작성한 것이다. 2018년 4월, 유럽 전문가협의회가 6개월 동안의 연구결과를 바탕으로 도출한 '페이크 뉴스와 허위정보' 보고서에서 허위정보를 "경제적 이익이나 공중을 의도적으로 속일 목적으로 만들어지고 배포된 확인 가능하게 위조되거나 오도된 정보로 공중에게 해를 입힐 수 있는 정보"라고 정의한 바 있다. 이와 함께 100% 가짜가 아니더라도 사실과 거짓이 혼합된 거짓 정보, 뉴스의 일부를 날조한 것, 거짓 비디오 밈에서 댓글, 공유, 트윗 및 리트윗 tweeting 등의 잘못된 정보의 순환에 관한 디지털 행동 전체를 포함할 수 있다고 밝혔다.

'온라인 허위정보를 다루기 위한 조치'Measures to tackling online disinformation로 명명된 이 대책은 크게 4개 항목으로 구성된다.

첫째는 온라인 플랫폼 업체들의 허위정보와 관련된 실천 강령 제정이다.

2018년 7월 말까지 제정하기로 한 실천 강령에는 다음과 같은 의무 사항들이 포함된다.

- 스폰서 콘텐츠, 특히 정치 광고에 대한 투명성을 확보하고 정치 광고 목적의 타겟팅 옵션을 제한하며 허위정보 제공자들의 수입을 감소시킬 수 있는 방안이 필요하다.
- 알고리즘의 기능에 대한 명료성을 높이고 제3자가 이를 검증할 수 있도록 한다.
- 플랫폼 이용자들이 대안적 관점을 보여 주는 다양한 뉴스 소스들을 더 쉽게 찾고 접근할 수 있게 한다.
- 허위 계정을 식별하고 폐쇄하기 위해 자동 로봇을 도입한다.
- 팩트 체커, 연구원 및 공공 당국이 온라인 허위정보를 지속

적으로 모니터할 수 있게 한다.

이러한 실천 강령은 2018년 10월까지 측정 가능한 형태로 완성될 예정이다.

둘째는 독립적으로 활동하는 팩트 체커들의 네트워크를 구축한다.

- 이 네트워크는 공통된 작업 방법을 수립하고, 모범 사례를 교환하며, 이런 사례들을 EU 전역에서 활용할 수 있도록 한다.
- 팩트체킹 네트워크와 관련된 학계 연구자들이 EU 전역의 데이터에 대한 접근을 포함, 광범위한 데이터의 수집 및 연구할 수 있도록 지원한다.

셋째는 EU 국민들의 미디어 리터러시 수준을 향상시키는 것이다.

- 유럽의 시민들이 비판적인 시각을 갖고 온라인상의 허위정보를 식별할 수 있도록 미디어 리터러시media literacy의 수준을 제고시킨다.
- 이를 위해 유럽연합 집행위원회는 팩트 체커 및 시민사회단체를 독려해서 그들이 학교와 교육자들에게 교육 자료를 제공하게 하며 미디어 리터러시의 중요성과 필요성을 각계에 알리기 위해 유럽 차원의 미디어 리터러시 주간을 운영한다.

넷째, 유럽연합 집행위원회는 회원국들에게 다원적이고 다양하며 지속 가능한 미디어 환경을 보장하기 위해 양질의 저널리즘에 대한 지원을 확대할 것을 촉구하고 있다. 유럽연합 집행위원회는 2018년에 양질의 뉴스 콘텐츠를 제작 및 보급을 위한 제안서를 만들 예정이다.

이 보고서 작업에 참여한 유럽 디지털 단일시장 앤드류 안십 Andrew Ansip 부회장은 "허위정보가 정치적 영향력의 도구로서 새로운 것은 아니지만 디지털과 같은 새로운 테크놀로지들은 전파 속도는 물론 도달 범위가 넓어서 우리의 민주주의와 사회를 무너뜨릴 가능성이 크다. 온라인상의 신뢰는 쉽게 무너질 수 있고 또 한번 깨지면 회복이 어려운 만큼 산업계에서는 이에 대해 공동 대처를 해야 한다. 온라인 플랫폼들은 우리의 민주주의를 하고자 하는 개인과 국가에 의해 만들어지는 허위정보를 퇴치하는데 중요한 역할을 한다"고 말했다.

디지털 경제·사회 집행위원회 마리야 가브리엘 Mariya Gabriel 위원은 다음과 같이 말했다.

"우리는 명확한 책임이 있는 모든 행위자, 특히 플랫폼과 사회적 네트워크에 대해 시민들이 허위정보로부터 효과적으로 보호를 받고 능동적인 시민이 될 수 있도록 유럽 공통의 접근 방식에 기초해서 실행 계획을 취하도록 요구하고 있다. 우리는 진행 상황을 면밀히 모니터링하고 결과가 불만족스럽다면 규제 정책을 포함, 12월에 추가 대책을 제안할 수 있다."

05

팩트체크는
누가, 어떻게 하고 있는가?

언론은 허위정보를 낳게 한 원인의 하나인 동시에,
가장 큰 피해자가 될 수 있다.
- 포제티&아이어톤

1

팩트체크의 의미와 세계적 동향

 팩트체크는 뉴스 이용자들의 판단을 도와주기 위해 뉴스나 정보의 사실 혹은 진위 여부를 가리는 것이다. 최근에는 다양한 분야의 뉴스나 정보의 진위를 확인해 주고 있지만, 초기에는 주로 정치인의 주장을 검증하기 위한 수단으로 활용되었다. 뉴스에 나오는 정치인의 발언이 '항상 정치적'이기 때문에 액면 그대로 받아들이기 어렵다는 이유에서였다. 여기에는 또한 뉴스 미디어가 정치인의 발언을 제대로 보도하지 못한다는 불신이 깔려 있다.

 이런 배경에서 1992년 이후 정치 뉴스 등 사회적으로 중요한 의미를 가진 발언이나 주장의 사실 여부를 구분하려는 시도가 이루어져 왔다.[1] 그러나 이 시기의 팩트체킹은 단일 언론사가 심층 보도의 연장 선상에서 실시했기 때문에 본격적인 팩트체킹으로 보기 어렵다.

본격적인 팩트체킹은 2004년 미국 대통령 선거에서 처음 선을 보였다. 펜실베이니아대학의 아넨버그 공공센터가 웹사이트에 기반한 팩트체크닷오르그Factcheck.org를 개설하고 특정 이슈에 구애받지 않고 정기적으로 정치 발언의 사실 검증 결과를 공표해 왔다. 이후 2007년에 폴리티팩트Politifact.com가 문을 열었으며 2014년에는 팩트체크 기관이 44개로 증가했다.[2]

특히 2016년 미국 대선 이후 세계 각국에서 허위정보가 확산됨에 따라 이를 퇴치하기 위한 주요 방법의 하나로 팩트체크의 필요성이 크게 대두되었다. 2018년 2월에는 세계적으로 53개국에 걸쳐 149개의 팩트체크 기관이 활동하고 있는 것은 팩트체킹에 대한 사회적 요구가 그만큼 크다는 것을 보여 주고 있다.[3]

우리나라에는 서울대학교 언론정보연구소가 2017년 3월 16개 언론사와 연합해 사실 검증을 수행하는 SNU 팩트체크를 운용하고 있으나 개별 언론사의 팩트체크 기사만 게시될 뿐 언론사 간 협업이 이루어지지 않는 문제점을 가지고 있다.[4] 세계 주요국에서는 팩트체크가 어떻게 이루어지고 있는지 알아본다.

팩트체크는 일반적으로 '무엇을 검증할 것인가'로 시작해 검증한 결과를 기반으로 사실성을 가려내고 이에 대한 판정을 정보 이용자들에게 제시하는 과정으로 이루어진다. 그러나 팩트체크 기관이 사실을 검증하는 데 그치지 않고 그에 대해 거짓부터 사실까지 직관적인 이미지를 동원해 등급을 매긴 판정까지 내리는 과정에 팩트체크 기관이나 사람의 주관적인 개입이 들어갈 여지가 있다.[5] 이런 이유 때문에 때로는 검증 대상을 선정하는 데 선택 편향이 있다거나, 팩트체크의 결과가 과학적 객관성을 갖추지 못했다거나 하는 비판을 받기도 한다.

펙트체크가 직면하고 있는 또 하나의 과제는 사람들의 정파성 혹은 인지적 편향성이다. 북아일랜드에서 활동하는 팩트체크 NI 의 편집자인 알란 레오나르드Allan Leonard는 "팩트체크 결과물을 읽는 독자들이 점차 정치적으로 정파성을 띤 환경에 놓이게 된다"며 "자신이 지지하는 정치 세력, 혹은 가치관에 따라 극과 극으로 나뉜 사람들은 상대의 주장 혹은 상대가 옳음을 전해주는 주장에 점점 더 귀를 기울이지 않게 됐다"고 팩크체크의 위기를 토로했다.[6]

즉 대부분의 팩트체크 기관이 초당파성을 표방하고 또 그 실현을 위해 노력하지만 발언이나 주장 중심의 검증은 그 동기나 의도까지 검증할 수 없기 때문에 일반 사람들에게 중립적으로 다가가기 어려울 수 있다는 것이다.

팩트체크가 구조적으로 가지고 있는 몇 가지 한계에도 불구하고 팩트체크는 정치인들 혹은 고위 공직자들의 주장이나 발언의 진위를 검증함으로써 일반 국민들이 판단을 하는데 큰 도움을 줄 수가 있다. 그뿐만 아니라 뉴스 미디어에 대한 신뢰도가 크게 하락하고 있는 상황에서 팩트체킹을 위한 언론사들의 노력은 신뢰를 복원하는데 중요한 계기가 될 수도 있다. 이런 의미에서 세계 각국의 팩트체크 기관들의 사례를 소개한다.

2

세계 각국의 주요 팩트체크 기관들

팩트체크닷오르그

팩트체크닷오르그FactCheck.org는 세계 최초인 2003년 설립된 미국의 팩트체크 기관이다. 팩트체크닷오르그는 미국 펜실베이니어대학교 아넨버그 공공정책연구소의 프로젝트 기관으로, 대학연구소와 현역 기자들이 협업 형태로 선거 후보자를 비롯한 정치인과 공직자의 발언을 검증하고 있다.[7]

설립 이듬해인 2004년에 있었던 미국 대선에서 부통령 후보자 딕 체니와 존 에드워드의 토론 발언을 검증한데 이어 지속적으로 대선 후보들의 주장이나 발언들을 검증해 왔다. 검증 대상이 되는 발언은 연설, 언론 보도, 토크쇼, TV 등에서 광범위하게 수집한다.

최근에는 선거 후보자나 정치인들의 발언 외에 과학 전문 필진이 주요 정치인의 발언 중 과학에 관한 진술의 오류를 검증한다. 또 바이럴 스피럴Viral Spiral이라는 카테고리에서는 SNS상의 가짜뉴스에 대한 독자의 제보를 받고 있으며 많이 제보된 가짜뉴스의 리스트와 그 사실 관계에 대한 설명도 제공하고 있다.

팩트체크닷오르그는 설립 이후 많은 실적을 남겼는데, 2006년에는 타임스지가 주관한 '(이것)없이는 살 수 없는 25가지 웹사이트'의 하나로 선정되었으며, 세계 전자정부포럼에 의해 '세계를 바꾸고 있는 10가지 웹사이트'로 선정되기도 했다. 또 2010년에는 '연방 건강보험 입법'에 관한 팩트체크 기사로 미국 전문언론인협회가 수여하는 시그마델타 카이상을 수상했다.

운영진은 명예이사 1인, 이사 2인, 필진 4인필진 4인 중 과학 분야 필진이 별도로 존재, 웹 개발자 1인 등으로 구성된다. 그 외에 펜실베이니어대학교 학부생들을 대상으로 유급 펠로십 프로그램을 운영한다.

팩트체크닷오르그는 비정파성, 비영리성을 지키기 위해 정당이나 기업의 지원금을 받지 않으며 재원은 대부분 개인 후원금과 아넨버그 정책연구소의 기금으로 충당한다.[8]

폴리티팩트

폴리티팩트PolitiFact는 2007년 미국 플로리다의 주간지 템파베이 타임스의 기획 프로젝트로 만들어진 팩트체크 기관이다.[9] 다른 팩트체크 기관들과 마찬가지로 선출직 공무원, 선거 후보자,

정당인 등 정치인의 주장과 정치 외적인 인물들의 주장을 검증한다.

　정치인들의 주장은 고유 브랜드라고 할 수 있는 진실 검증기 Truth-O-Meter를 통해 검증한다. 정치인의 발언을 '사실', '대체로 사실', '사실 반 거짓 반', '대체로 거짓', '거짓' 등으로 분류하며, 말도 안 되는 거짓이라고 판단할 경우에는 '새빨간 거짓말 Pants on Fire'로 별도 분류한다. 전문가, 칼럼니스트, 블로거, 정치평론가, 토크쇼 호스트와 게스트 등 정치 외적인 인물들은 펀디트팩트PunditFact라는 카테고리를 통해 검증하는데 검증 기준은 진실 검증기의 여섯 단계 척도를 그대로 적용한다.

　템파베이 타임스는 1964년 이래로 12번의 퓰리처상을 수상할 정도로 공신력 있는 언론사인데, 폴리티팩트는 현재 저널리즘 연구 및 교육기관인 포인터 연구소에 소속되어 있다. 템파베이 타임스 직원들로 구성된 11명의 필진이 팩트체크를 실시하고 있으며 웹사이트www.politifact.com를 통해 기사를 서비스하고 있다.

　폴리티팩트는 단순히 발언의 참이나 거짓 여부만을 검증하는 데 그치지 않고 발언의 일관성도 평가하고 있다. 평가 결과는 '변동 없음', '반만 변동', '완전 변동'으로 분류한다. 또 정치인이 발언한 내용을 상시적으로 검증할 뿐만 아니라 선거 기간에 후보자가 내세운 공약 또한 추적한다. 오바마 대통령 재임 기간에는 'Obameter'를 통해 오바마 대통령의 514개 공약을 추적했다. 현재는 트럼프 대통령의 공약 이행 여부를 진실 검증기를 통해 추적하고 있으며, 추적 결과는 '미평가', '진행 중', '보류, 타협', '이행', '공약 파기'로 평가한다.

검증 대상이 되는 발언은 연설, 뉴스 등 언론 보도, 캠페인 브로슈어와 TV 광고, 페이스북 포스팅 등으로 광범위하다. 검증 결과는 모두 미터기 모양의 그래픽을 활용하여 한눈에 파악할 수 있도록 제시되어 있다.

폴리티팩트 역시 그 활약을 인정받아 많은 상을 수상했는데 그중에서도 단연 돋보이는 것은 2008년 대선 기간 동안 후보들의 정치적 발언을 검증한 공로를 인정받아 2009년의 퓰리처상을 수상한 것이다. 퓰리처위원회는 "유권자들이 정치적 수사와 진실을 구분하는 것을 돕기 위해 750개의 정치적 주장을 검증하는데, 진실을 탐구하는 기자들과 월드 와이드 웹의 힘"을 이용한 것을 선정 이유로 꼽았다.[10]

폴리티팩트는 팩트체킹이 언론의 지속 가능한 비즈니스 모델이 될 수 있는가를 잘 보여주는 사례라 할 수 있다. 온라인 광고, 폴리티팩트가 콘텐츠를 공유할 수 있도록 파트너 관계를 맺은 언론사들로부터 들어오는 수입, 데모크라시 펀드Democracy Fund 등 공적 기관의 기부금 등으로 재정 자립을 이루고 있다. 2017년부터 Truth Squad라는 대대적인 소액 후원자 모집 운동을 벌여 개인 후원 제도를 활성화하기도 했다. 폴리티팩트의 상근기자들은 10~12명 선이며 전원 경력 기자들로 구성되어 있다.[11]

팩트 체커

팩트 체커FactChecker는 미국의 워싱턴포스트가 직접 운영하는 팩트체크 모델이다. 2008년 있었던 미국 대선을 앞두고 2007년 9월 19일에 처음 시작한 이후 2008년 대선 기간 동안 팩트체크를 실시했으며 2011년부터 상시 운영하고 있다.[12] 워싱턴포스트가 독자적으로 추진하고 있는 것으로 한 언론사가 팩트체크를 어떻게 단독으로 수행할 수 있는가를 보여 준 대표적 사례이다.[13]

팩트 체커를 담당하고 있는 글렌 케슬러Glenn Kessler는 워싱턴포스트와 뉴스데이 신문사 등에서 활약한 30년 이상 경력의 기자다. 외교와 경제 분야를 취재했고 백악관과 의회 등을 출입하며 다방면에서 활약한 베테랑이다. 글렌 케슬러의 경력에서 가장 주목할 만한 것은 그가 뉴스데이 정치부에서 근무할 때 이미 '팩트체킹'의 모태가 되는 보도를 시도했다는 것이다. 글렌 케슬러는 1992년과 1996년 미국 대통령 선거 캠페인에서 후보자들의 발언을 검증하는 보도를 실시한 바 있어 팩트체크의 선구자로 꼽힌다.

팩트 체커는 정치적으로 중요한 인물의 발언을 검증하는 것을 목표로 하며, 홈페이지에 '의회', '이슈', '트럼프', '2020 후보자' 등의 카테고리를 두고 각 카테고리에 해당하는 팩트체크를 게시하고 있다. 최근에는 트럼프 미국 대통령이 대선 기간 동안 제시한 공약을 추적하는 트럼프 공약 추적Trump Promise Tracker 카테고리를 운영하며, 트럼프의 공약을 '이행', '파기', '추진 중', '교착', '타협', '미평가' 여섯 개 등급으로 평가하고 있다.

검증된 정치인의 발언은 '피노키오 지수'라는 아이콘으로 표현된다. 동화 속 거짓말쟁이인 피노키오에서 착안하여 정치인의 발언을 참이나 거짓 여부에 따라 피노키오 하나부터 피노키오 넷까지로 표현한다. 사실을 모호하게 전달하긴 하지만 완전히 거짓은 아닌 경우에는 피노키오 하나를 부여한다. 반면 피노키오 넷은 완전한 거짓말을 나타낸다. 또 정치인의 발언이 사실일 경우에는 피노키오 동화 속 목수인 '제페토 체크'로 표현한다.

피노키오 하나(대체로 사실): 사실의 모호한 전달. 생략 혹은 과장은 있지만 완전한 거짓은 아님.

피노키오 둘(사실 반 거짓 반): 심각한 생략 혹은 과장. 몇몇 사실관계 오류가 있을 수 있음. 정치인이 일반인은 알아듣기 힘든 법적 언어 등을 통해 잘못된 인상을 심어주는 경우

피노키오 셋(대체로 거짓): 심각한 사실적 오류나 명백한 모순, 그리고 정부 데이터 등에 기반한 기술적으로 사실인 진술을 포함할 수 있지만, 그러한 진술들이 맥락 밖에서 다뤄져서 오해를 불러일으키는 경우

피노키오 넷(완전한 거짓말)

팩트 체커에 의해 사실 여부를 검증받은 사례는 2015년에 실시했던 '아동 성매매' 관련 팩트체크 결과다. 아동 성매매 이슈는 단일 이슈로는 가장 많은 피노키오를 받은 이슈이며, 이는 다시 말해 2015년 한해 가장 뜨거웠던 이슈임을 의미한다. 팩트 체커는 정치인, 이익 집단, 정부 관리 등에 의해 제기된 아동 성매매와 관련한 각종 수치들에 오류가 있음을 검증해 그들이 잘못된 발언을 하지 않도록 하는데 기여했다.

　　팩트 체커는 단순히 정치적 발언의 참이나 거짓만을 판별하는데 그치지 않는다. 진술이 사실이라 할지라도 이전의 입장과 반대인 진술일 경우에는 '뒤집힌 피노키오'로 표시한다. 물론 복잡한 사안이거나 양측 모두의 주장이 팽팽해 간단히 참이나 거짓의 판정이 당장은 불가능할 경우에는 판단을 보류하기도 한다.

영국의 위키트리뷴

위키트리뷴은 2017년 4월 검증된 전문 기자들과 일반 독자 자원봉사자들이 함께하는 비영리 팩트체크 플랫폼이다.[14] 전문 기자와 독자들의 협업형 모델이라 할 수 있다. 누구나 참여해서 백과사전을 만들어가는 위키피디아의 특성을 반영하고 있지만 위키미디어 재단과는 별도로 운영되고 있다.

위키트리뷴은 광고 없이 후원 모델로 운영되며, 누구나 위키트리뷴에 참여할 수 있다. 위키트리뷴 기자들은 인터뷰 전문이나 기사의 주요 사실이 기록된 1차 소스를 제공하는 등 해당 기사의 출처를 명확히 제공해야 한다. 독자들은 기사 내용을 수정하고 덧붙일 수 있으며, 변경 사항은 내부 검증 뒤 반영된다. 기자가 사실에 근거해 기사를 쓰면 일반 참여자가 팩트를 수정하거나 추가할 수 있다. 기사에는 출처를 명확히 표시해야 하고, 필요에 따라 영상이나 음성 파일도 첨부할 수 있다.[15]

위키트리뷴 공동 창업자 겸 부사장인 오릿 코펠Orit Kopel은 "브렉시트 이후 우리는 많은 사람이 잘못된 정보에 기반해 투표하고 있다는 것을 알게 됐다. 미디어는 사실과 신뢰를 세우기 위한 노력이 부족했다. 소셜 미디어는 우리의 관점을 디자인하고 있다"고 지적한 뒤 "뉴스는 부서졌고 우리는 부서진 뉴스를 고쳐야 한다는 사명감으로 위키트리뷴을 만들었다"고 그 취지를 밝혔다.

코펠 부회장은 뉴스에 대한 신뢰도가 하락한 이유로 '클릭베이트와 광고 모델 의존도 심화', '트위터와 페이스북의 필터 버블', '급진적인 주장이 확인 없이 부풀려지는 현상' 등을 꼽으며 이러한 구조적 한계 속에 '뉴스가 일방적인 편견으로 가득 차게 되었다'고 진단했다.

위키트리뷴은 광고를 붙이지 않고 크라우드펀딩불특정 다수로부터 온라인을 통해 자금을 조달하는 방식으로 운영비를 마련하는 것도 특징이다. 펀딩에 참여하는 사람들은 '지지자' 지위를 얻게 돼 위키트리뷴이 다룰만한 주제 등에 대해 의견을 제시할 수 있다.[16]

프랑스 크로스체크

크로스체크CrossCheck는 2017년 프랑스 대선을 둘러싼 허위정보에 대응하기 위해 2017년 2월 27일부터 5월 5일까지 한시적으로 운영된 일종의 협업 저널리즘 프로젝트다.[17] 이 프로젝트의 목적은 온라인 허위정보에 대한 팩트체킹이 저널리스트들의 협업을 통해 얼마나 효과적으로 이루어질 수 있는지, 또한 이를 통해 미디어와 독자 사이의 신뢰를 회복할 수 있는지를 확인하는 데 있다.[18]

미국의 비영리 단체인 퍼스트 드래프트First Draft와 구글 뉴스랩Google News Lab이 만든 이 프로젝트에는 르몽드, 웨스트프랑스, AFP 통신사 등 33개의 언론사를 비롯해 대학, 비영리기구, IT 분

야의 기업 등 총 47개의 파트너가 참여했다.[19]

크로스체크가 작동하는 방식은 먼저 인터넷 사용자가 SNS, 웹사이트 루머 등에서 확인할 필요성이 있다고 생각되는 것, 동영상 이미지 코멘트 발언 주장 등을 발견한 경우, 크로스체크 웹사이트나 프로젝트 참여 언론사 웹사이트에서 이에 대한 사실검증을 요청한다. 다음으로 참여 언론사들은 '검증 요청이 들어온 질문이나 주장', '구글트렌드와 다양한 SNS 모니터링 도구를 통해 파악된 급상승 검색어 포스트 기사'에 대한 사실 검증을 수행한다.

참여 언론사의 기자가 검증 결과에 대한 기사를 검증 과정에 대한 설명을 포함해 작성하면 이 기사는 다른 참여 언론사의 동의를 구하기 위해 타 회사의 기자에게 전송된다. 이때 동의를 구하는 기자는 기사를 작성할 때 사용한 노트나 증거를 다른 회사의 기자들과 공유해야 한다. 작성된 기사는 참여 언론사 중 최소한 곳 이상의 동의를 얻어야 크로스체크 웹사이트에 게재될 수 있다. 타 언론사의 동의를 얻은 기사는 AFP의 기자가 마지막으로 리뷰한 뒤 크로스체크 웹사이트에 게재된다.

검증된 정보는 '진짜 vrai', '가짜 faux', '근거 불충분 preuves insuffisantes' 등으로 분류된다. 또 가짜로 분류된 기사는 독자들이 오보와 가짜정보의 차이를 알아차릴 수 있도록 '조작된', '허구의', '잘못 알려진', '호도', '오보' 혹은 '풍자' 등 정보의 타입을 묘사하는 아이콘과 함께 기사 형태로 크로스체크 사이트에

실린다. 또한, 관련 정보의 팩트체킹에 참여한 언론사의 로고도 한쪽에 같이 실린다.[20]

크로스체크 웹사이트에 사실 검증 기사가 게재되면 검증에 참여한 언론사는 해당 기사를 지면이나 웹을 통해 독자 시청자에게 배포할 수 있다.

크로스체크는 2개월 여의 운영 기간 동안 SNS에서 떠도는 루머와 주장들, 조작된 이미지나 동영상 등 67개의 주제들을 검증했는데, 그중에는 '대선 후보 마크롱이 자신이 속한 정당의 운영 자금에 손을 댔다', '파리의 한 지역이 이민자들을 위한 주거지로 대체될 것이다', '초등학교에서 아랍어 수업이 의무화된다' 등의 내용도 포함되어 있다.[21]

이 프로젝트에 참여한 언론사는 기본적으로 1주일에 3~4일 정도 출근해 하루 4시간 정도 근무하는 인턴 인력을 제공받으며, 다양한 모니터링 도구를 사용할 수 있다. 이와 관련된 일체의 비용은 모두 퍼스트 드래프트나 구글 뉴스랩이 부담한다.[22] 구글은 2013년 2부터 프랑스에서 '구글 기금Google Fund'를 운영했는데 이는 검색에 대한 '저작권료'의 개념으로 구글이 일정 금액을 출연해 심사를 거쳐 선정된 언론사에게 자금을 직접 지원하는 형태였다.

구글은 2013년부터 6,000만 유로, 약 757억 원의 구글 기금Le fonds Google pour l'innovation numérique de la presse : FINP을 조성해 언론사들을 지원했고 2016년 10월 말 기준으로 총 126개의 프랑스 언론사가 지원을 받았다. 프랑스에서의 구글 기금은 2016년 말

중단되었는데 이후 미디어 업계에서 지속적으로 지원 연장을 요구했던 것으로 알려져 있다. 즉 구글이 프랑스 미디어 업계의 자금 지원 요청을 받아들여 이를 2017년의 크로스체크 프로젝트로 구체화했을 가능성이 있다는 것이다. 크로스체크의 강력한 협업 방식도 구글이나 퍼스트 드래프트가 상당한 수준의 지원을 조건으로 이끌어냈으리라 생각하는 것이 크게 불합리해 보이지 않는다.

노르웨이 팍티스크

노르웨이의 팩트체크 기관인 팍티스크Faktisk는 2017년 7월, 노르웨이 총선이 본격화되는 시점에 상호 경쟁 관계인 4개의 언론사가 뜻을 모아 출범했다. 4개 언론사는 일간지 VG와 다그블라데트Dagbladet, 공영방송사인 NRK와 방송사 TV2 등이다.[23]

팍티스크의 모든 팩트체크는 '틀림없는 사실absolutely true'에서부터 '틀림없는 거짓absolutely false'에 이르는 5점 척도 스케일을 사용하며, 임베드embed를 통해 누구나 무료로 이용할 수 있다. 임베드되고 나면, 해당 팩트체크는 팍티스크로부터 본래의 포맷팅과 수정된 사항 모두를 가져올 수 있다. 팍티스크는 콘텐츠를 무료로 공유할 수 있도록 함으로써 그들의 유통 네트워크를 더 넓히는 한편, 지역 언론사나 특정 분야에 특화된 언론사들이 그와 관련된 콘텐츠를 이용할 수 있도록 해주었다.

정치적인 주장의 진위를 검증하는 데 초점을 맞추고 있는데,

예를 들어 2017년 반이민 웹사이트는 지난달 그로 할렘 브룬틀란Gro Harlem Brundtland 전 총리가 프랑스에 거주하면서 몇 년 동안 세금을 내지 않았다는 고발성 글을 올렸다.[24]

이 주장은 이른 아침에 게시되자마자 소셜 미디어의 트렌드 항목 상단으로 빠르게 올라갔다. 이런 상황에서 팩티스크는 이 주장의 진위 여부를 빠른 시간에 검증했고 그 거짓 주장임을 확인했다. 이후 소셜 미디어에서 거짓 주장에 대한 공유 수는 급격히 떨어지기 시작했다.

팩티스크는 출범한 지 불과 한 달도 안 되는 기간에 40만 명 이상의 순 방문자 수를 기록했고 그들의 81개 팩트체크는 100만 이상의 페이지뷰를 기록했다.

팩티스크는 독립적인 비영리 기관의 성격을 띠고 있으며 6명에서 9명의 인원이 일일 교대로 일을 하고 있다. 수입원은 4개 언론사들의 지원금 외에 팩트 체커를 요청하는 당사자들로부터 받은 비용으로 충당하고 있다.

덴마크의 팩트체크 방송, 디텍토

덴마크의 공영방송 DR이 2011년에 설립해 운영하고 있는 디텍토Detektor는 정치인이나 관료들이 텔레비전 방송에 직접 출연해 자기주장의 진실성을 스스로 판정하는 팩트체크 프로그램이다.[25] 현재 매주 목요일 저녁 9시에 30분간 방송된다.

디텍토에서는 먼저 정치인이나 관료들이 발언한 것 중 검증 대상이 된 사안에 대해 전문가 인터뷰나 통계 수치 등 각종 정보가 담긴 자료 영상을 먼저 보여 주고, 뒤이어 해당 발언을 한 정치인과 인터뷰를 한 뒤, 발언 당사자 스스로 발언이 진실인지 거짓인지를 판정하는 것으로 프로그램을 마무리한다.

디텍토는 팩트체크할 만한 발언을 선택해 검증을 시작하는 단계에서부터 해당 발언을 한 공적 인물과 연락을 취해 어떤 자료에 근거해 그런 주장을 했는지를 확인한다. 만약 그가 발언과 관련해 어떤 근거도 제공하지 못하거나, 디텍토 제작진의 조사 결과 주장이 잘못되었거나, 아니면 여러 증거 중 유리한 부분만 선별 혹은 호도했을 경우, 디텍토팀은 발언 당사자를 방송에 초대한다. 물론 이러한 초대에 모든 정치인이나 관료들이 흔쾌히 응하는 것은 아니기 때문에, 디텍토는 정치인들의 참여를 이끌어 내기 위해 여러 방면으로 노력하고 있다.

2017년 4월 27일 방송에서는 "가족 기업의 상속세를 줄이면 일자리가 창출될 것"이라는 카르스텐 로리첸 Karsten Lauritzen 세무 장관의 발언을 검증한 바 있다. 실제 가족 기업 경영주와의 인터뷰, 그의 발언에 대한 수사학 교수의 분석, 상속세 인하의 고용 창출 효과가 있다고 보기 어렵다는 경제학 교수의 소견에 더해 발언 당사자인 로리첸 장관이 과거 의회의 조세위원회에서 "가족 기업 상속세 폐지는 아마 고용에 눈에 띄는 효과를 내지 못할 것이다"라고 자신의 주장을 반박하는 내용의 발언을 했던 것까지 모두 자료 영상에 담았다. 뒤이어 로리첸 장관이 진행자인 메테 비베 웃손 Mette Vibe Utzon 과 인터뷰를 갖고 본인의 발언이 사실인지, 거짓인지를 판정하는 것으로 프로그램이 마무리되었다.

정치인들을 디텍토에 참여하도록 만드는 요소 중 하나는 그들이 인터뷰에서 무엇을 말할 수 있을지를 미리 제작진과 논의할 수 있다는 것이다. 예를 들어 한 정치인이 새로운 법에 대한 논쟁을 하는 과정에서 잘못된 숫자를 사용한 경우, 디텍토는 검증 과정을 거쳐 그 주장이 틀렸다는 것을 알아내고 그 정치인이 프로그램에 참여하도록 유도한다.

이 경우에 정치인과 디텍토 제작진은 인터뷰 중에 그가 만들고자 했던 법은 근거로 삼았던 숫자가 틀렸다 해도 여전히 좋은 것이라고 생각한다고 말할 기회를 가지는 것에 합의할 수 있다. 예를 들어 로리첸 세무장관은 방송으로 인해 "가족 기업 상속세를 줄이면 일자리가 창출될 것"이라는 본인의 발언이 틀렸음이 명백히 밝혀졌지만, 인터뷰를 통해 "일자리를 창출하는 기업주가 막대한 금전적 부담을 지는 일 없이 다음 세대에 가업을 물려줄 수 있어야 한다는 것은 도덕적으로 옳은 주장이며, 나는 경제학자가 아닌 정치인으로서 옳은 것을 주장한 것"이라고 스스로의 입장을 밝힐 수 있었다.

정치인이 자신의 주장이 틀렸음을 스스로 인정하는 경우도 있는데, 이 경우 오히려 해당 정치인에 대한 신뢰가 높아졌음이 SNS 댓글 등을 통해 확인되기도 했다.[26]

프로그램 그 자체에서 최종적인 판단을 하거나 결론을 내리지 않는다는 것이 디텍토의 한계점으로 지적되기도 하지만, 디텍토의 제작진은 발언과 관계된 각종 통계자료와 정보를 제공하고 전문가들이 그것이 참인지 거짓인지를 판정하도록 함으로써 굳이 직접 말하지 않더라도 정치인의 발언이 틀렸음을 증명할 수 있다고 주장한다. 정치인들이 그들의 발언을 참이라고 판정한다 해도 시청자들은 그들의 주장이 완벽한 사실이 아님을 알 수 있다는 것이다.

디텍토는 다양한 층위의 시청자들을 끌어들이기 위해 매주 텔레비전 쇼를 방영하는 동시에 텔레비전 쇼의 각기 다른 스토리를 더 짧은 영상으로 편집하여 페이스북에 올린다. 텔레비전의 타깃 시청자가 60세 이상의 노년층 위주라면 페이스북은 더 어린 사람들이 주를 이루며, 웹의 경우 시청자의 범위가 이보다 더 넓다. 디텍토가 최근 방영한 넷플릭스 다큐멘터리 'What the health'에 대한 팩트체크는 디텍토의 모기업인 DR 웹페이지에서 가장 많이 읽히고 공유되기도 했다.

체케아도

스페인어로 '검증된'이라는 뜻의 체케아도Chequeado는 라보즈 푸블리카La Voz Pública 재단이 2010년 10월 설립한 아르헨티나의 팩트체크 기관이다.[27] 체케아도는 제 기능을 하지 못하는 언론, 공론장이 형성되지 못하는 현실에 목말랐던 비언론인들이 중심이 돼 시작됐다

아르헨티나뿐만 아니라 콜롬비아, 브라질, 우루과이, 엘살바도르, 멕시코, 페루의 팩트체크 기관에 그들의 검증 방법을 전하는 등 라틴 아메리카 전역에 팩트체크를 전파하는 데도 큰 역할을 해 왔다.[28]

체케아도는 크게 두 가지 역할에 초점을 두고 있다. 하나는 사회적 이슈에 대한 공개 토론의 수준을 높이는 것이고 다른 하나는 보다 많은 양질의 정보를 유통시키는 것이다. 이를 위해 정치인, 기업인, 공공기관, 언론 및 기타 여론 형성과 관련이 있는 기관들의 진술을 점검한 후 데이터와의 일관성에 따라 각 발언을 '사실', '사실+', '사실이지만…', '논쟁의 소지가 있는 발언', '거짓', '속단된 발언', '과장된 발언', '오도된 발언', '검증 불가능한 발언' 등으로 나누어 판정한다.

체케아도는 정치인, 고위 공직자, 기업인 언론 및 여론 형성 기관의 주장이나 발언 등을 검증 대상으로 삼고 있는데, 대통령 후보자들 간의 토론을 실시간으로 검증하여 당일 밤에 18개의 주제에 대한 진술들을 검증한 결과를 발표하기도 했다. 또 '내각'이라는 코너를 만들어 정부 부처 각 장관의 공식 발언과 그에 대한 사실 검증을 기록해 두고 누구나 확인할 수 있도록 하고 있다. 특히 SNS를 효과적으로 이용하여 트위터 계정에 18만 명의 팔로워를, 페이스북 계정에 6만 명의 팔로워를 가지고 있을 정도로 독자들로부터 호응을 얻고 있다.

체케아도가 갖고 있는 특징적인 시스템 중 하나는 일종의 데이터 크라우드 소싱 시스템인 'DatoCHQ' 이다. 이용자들은 이 시스템을 통해 알리고 싶은 정보를 공유할 수 있고, 접근하기 어려운 정보를 구하기도 한다. 이곳에는 또 이용자들이 공유한 데이터, 사실 검증에 사용된 데이터, 다른 팩트체크 기관들의 데이터 등이 축적되어 있으며, 게시되는 모든 자료들은 팩트체크팀에 의해 검증되고 승인되는 과정을 거친다.

이러한 체계적인 검증 과정 때문에 정치인들의 주장이나 진술의 진위를 밝힌 사례가 많은데 2014년에는 당시 아르헨티나 현직 대통령인 마우리시오 마크리Mauricio Macri가 도급업자들에게 선거운동 자금으로 미화 300만 페소를 받았다는 사실 여부를 검증하기도 했다.

체케아도는 또 체케아도르Chequeador라는 독특한 팩트체크 교육 플랫폼을 운영하고 있다. 사실 검증의 각 단계를 설명하고 시민들이 직접 다양한 분야에서 스스로 사실 검증을 해볼 수 있도록 돕는 일종의 미디어 리터러시 교육 프로그램이다.[29]

체케아도에는 현재 편집장을 포함 12명의 직원과 20여 명의 자원봉사자들이 활동을 하고 있다. 인력이 많은 편이 아니지만 아르헨티나의 다른 언론사들과 제휴를 맺어 영향력을 확장하고 있다. 주 수입원은 라보즈 푸블리카 재단의 후원금과 개인 기부금 등으로 운영된다.[30]

국제 팩트체킹 네트워크(IFCN)

국제 팩트체킹 네트워크International Fact-Checking Nework, 이하 IFCN

는 2015년 미국의 미디어 교육 기관인 포인터 인슈티튜드[이하 포인터]에 의해 설립된 전 세계의 팩트체크 기관을 위한 포럼이다.[31] IFCN은 세계적으로 팩트체크의 열기가 확산되고 있는 상황에서 팩트체크 분야를 더욱 활성화시키기 위해 출범한 것으로 템파베이 에디터 겸 부사장을 역임했던 닐 브라운Neil Brown이 이사장을 맡고 있다.[32]

IFCN 활동은 크게 네 가지 영역으로 나뉜다. 첫째, 전 세계의 팩트체크 동향을 관찰하고 그에 관한 기사를 포인터의 웹페이지에 게재하는 것. 둘째, 팩트 체커를 위한 훈련 프로그램을 제공하는 것. 셋째, 팩트체크의 국제적 협력을 돕고 연례 국제 컨퍼런스를 개최하는 것. 넷째, 팩트체크 기관을 위한 강령을 제공하는 것 등이다.

첫 번째는 전 세계의 팩트체크 동향을 모니터링하고 그에 관한 기사를 작성한다. 작성된 기사는 포인터 홈페이지의 팩트체킹 카테고리에 게재되는데, 여기에는 팩트체크 동향 기사 외에 다양한 외부 필진이 제공하는 각국의 팩트체크에 대한 리포트를 확인할 수 있다.

두 번째는 팩트 체커와 관련된 교육 훈련 프로그램을 실시한다. 미국언론재단American Press Institute과 제휴를 통해 팩트 체커를 양성하기 위한 온라인 강좌와 자기주도 학습 프로그램을 제공한다. 온라인 강좌는 팩트체크 기관에 근무하는 종사자부터 팩트체크에 관심이 많은 일반인까지 팩트체크에 대해 알고 싶은 사람이라면 누구나 이용할 수 있도록 제작되었다.

세 번째는 국제 협력 활동 지원이다. 이를 위해 매년 글로벌 팩트Global Fact라는 국제 컨퍼런스를 개최한다. 이 컨퍼런스는 팩트체킹과 인지과학, 팩트체킹의 자동화 등 팩트체크와 관련한 광범위한 주제로 세미나를 개최한다. 2018년 제5차 글로벌 팩트체크 컨퍼런스는 6월 22일부터 25일까지 이탈리아 로마에서 개최됐다.

네 번째는 팩트체크 기관을 위한 강령을 제공하는 것이다. IFCN은 전 세계의 팩트체크 기관이 팩트체크를 수행할 때 준수해야 할 강령을 2016년 9월 제정했다. 이 강령은 팩트체크를 수행할 때 지켜야 하는 기준인 동시에 개별 팩트체크 기관들의 인증을 위한 기준으로도 활용된다. 2018년 7월 현재 전 세계 54개 팩트체크 기관이 IFCN의 준칙을 준수하는 기관으로 승인을 받았다.[33] 강령의 내용을 간단히 소개하면 다음과 같다.

불편 부당성과 공정성 준수

우리는 모든 팩트체크에 관해 동일한 기준을 적용한다. 어느 한쪽에 편중된 팩트체킹을 하지 않는다. 어떠한 팩트체킹이든 동일한 과정을 거치도록 하며 증거가 결론을 이끌어내도록 한다. 팩트체크 하는 이슈에 관해 어떠한 정책적 입장도 취하지 않으며 옹호하지 않는다.

정보원 투명성 준수

우리는 독자들이 우리가 발견한 것들을 검증할 수 있도록 한다. 우리는 정보원source의 개인적인 안전이 침해당하지 않는한, 정보원을 최대한 자세히 밝혀 독자들이 우리가 수행한 것을 동일하게 반복할 수 있도록 한다. 정보원을 밝힐 수 없을 때는 가능한 자세하게 배경 정보를 제공한다.

재정과 조직에 관한 투명성 준수

우리는 재정의 원천을 투명하게 밝힌다. 외부 기관으로부터 재정 지원을 받았을 때, 지원자가 우리의 팩트체킹 결과에 영향을 미치지 않는다는 점이 보증되어야 한다. 우리는 조직 안의 주요 인사들의 전문적인 배경을 자세히 밝히며, 우리의 조직 구조와 법적 지위에 대해 설명한다. 우리는 독자들이 어떻게 우리와 소통할 수 있는지를 분명하게 제시한다.

방법의 투명성 준수

우리는 어떻게 검증 대상을 선정하고 조사하고 그 결과를 기술하고 편집하고 발행하고 수정하는지 방법론에 대해 설명한다. 우리는 독자들이 검증해야 할 주장들을 보내기를 권장하며 우리가 왜, 어떻게 팩트체킹을 하는지 투명하게 밝힌다.

공개적이고 정직한 수정 준수

우리는 수정 정책을 공개하며 이를 꼼꼼히 준수한다. 우리는 수정 원칙에 따라 명백하고 투명하게 수정하며 독자들이 수정된 안을 볼 수 있다는 것을 확신할 수 있도록 할 방법을 찾는다.

06

허위정보에 대응한
미디어 리터러시 교육 정책

인생이란 느끼는 자에게는 비극, 생각하는 자에게는 희극이다.

- 라 브뤼에르

1

허위정보와 미디어 리터러시
교육의 의미

　가짜뉴스 혹은 허위정보가 이슈화될 때마다 약방의 감초처럼 따라붙는 말이 바로 미디어 리터러시 교육이다. 정보의 진위와 신뢰성을 파악할 수 있는 미디어 리터러시 역량을 교육과정에 녹여냄으로써 가짜뉴스나 허위정보에 대한 면역력을 키우자는 취지로 이해할 수 있다.

　미디어 리터러시는 다양한 미디어에 접근해서 메시지를 분석, 평가하고 이를 바탕으로 제작하며 공동체 구성원으로서 참여하는 기능 혹은 능력이다.[1] 미디어 리터러시의 구성 요소 중에서 허위정보 구분 능력과 관련된 구체적인 영역은 미디어 메시지에 대한 '분석'과 '평가' 능력, 즉 비판적 사고력이다. 다시 말하면 허위정보에 대한 면역력을 키우기 위한 방법은 바로 비판적 사고 능력을 배양하는 것이다. 그러나 현재의 우리나라 미디어 리터러시 교육 상황에서 비판적 사고 역량을 키우기 위한 체계적인 프로그램이나 교수학습 자원은 극히 미흡하다.

미디어 리터러시 교육이 우리나라에 도입된 지 40년 남짓 불과하지만 지금까지 비약적인 발전을 일구어 왔다.[2] 현재 전국적으로 최신 설비를 갖춘 미디어 센터만 해도 40여 개에 이르는 가운데 시행 주체, 프로그램의 내용과 유형, 그리고 향유 계층이 다양해지는 등 가시적인 성과들이 곳곳에서 나타나고 있다. 특히 학교 현장에서는 국가적 차원의 진로 교육이 강조되면서 자유학기제의 전면 실시에 힘입어 이를 충족시킬 수 있는 대체 자원으로서 미디어 교육에 대한 수요도 증가하고 있다.

또한, 미디어 교육에 대한 사회적 관심의 확대를 반영하듯 미디어 교육 지원법을 제정하는 등 정책적 노력이 가시화되고 있다. 연방제 국가의 경우 주별로 미디어 리터러시 교육법을 제정한 사례가 있지만, 전국 단위의 법을 제정하려는 시도는 우리나라가 처음이다.

일선 학교 교사들의 미디어 리터러시 교육에 대한 목마름과 열정 또한 여느 나라 못지 않다. 이것은 미디어 리터러시 교육이 발전할 수 있는 큰 동력이자 중요한 자원이다. 그러나 이러한 외형적 성장과 다양한 노력에도 불구하고 미디어 리터러시의 핵심 영역이라 할 수 있는 비판적 사고력 교육은 도외시되어 왔다.

그러나 미국, 영국, 캐나다, 핀란드, 프랑스 등 외국의 미디어 리터러시 교육은 처음부터 비판적 사고력 교육에 역점을 두었기 때문에 이를 교육하고 학습할 수 있는 교육 자원과 프로그램이 풍부한 상태다. 이런 배경 때문에 학교 안팎에서 이루어지는 미디어 리터러시 교육 프로그램에는 비판적 사고를 키우기 위한 수업 지도안이나 자료들이 자주 활용되고 있다.

그럼에도 불구하고 가짜뉴스 혹은 허위정보를 판별하는 능력을 키우는 데는 역부족이었다. 그래서 많은 나라가 미디어 리터러시 교육을 강화하는 한편으로 비판적 사고력을 체계적으로 배양하기 위한 교육 프레임을 다시 세우고 있다.

미디어 리터러시 교육은 본래 가짜뉴스나 허위정보를 판별할 용도로 나온 것이 아니다. 미디어 속의 정보를 비판적으로 읽어내고 커뮤니케이션 능력과 사회 참여 능력을 배양하기 위한 미디어 리터러시 교육은 가짜뉴스나 허위정보 영역을 넘어 4차 산업혁명 시대의 필수 역량으로 손꼽히고 있다.[3] 세계 각국이 가짜뉴스 혹은 허위정보에 대한 면역력을 키우기 위해 미디어 리터러시 교육을 강화하지만, 이에 더 나아가 미래 핵심 역량을 강화시키기 위해 다양한 방법들을 고려하고 있다. 이러한 사례들은 우리나라가 미디어 리터러시 교육의 프레임을 세우는 데 시사하는 바가 크다.

2

영국의 미디어 리터러시 원리를 적용한 교수학습 자료 개발과 정책 방향

영국은 세계 최초인 1930년대부터 매스미디어 교습에 관한 연구와 수업을 시작할 정도로 미디어 리터러시 교육의 오랜 전통을 가지고 있다.[4] 특히 1933년에 영국 정부에 의해 준정부기관으로 창립된 영국영화연구소British Film Institute, BFI는 교사연수 자료 및 교육 자료들을 개발함으로써 전 세계 미디어 리터러시 교육을 발전시키는데 견인차 역할을 수행했다. 1980년대 말에는 세계 최초로 미디어 연구, 영화 연구, 커뮤니케이션 탐구 등 세 과목을 대학 준비 과정에 해당하는 중등교육과정 국가시험GCSE의 선택과목으로 편입시킨 바 있다.[5]

이러한 배경 때문에 미디어 리터러시 교육 차원에서 허위정보를 막기 위한 노력도 다른 나라보다 앞서 나가고 있다.

영국 의회의 초당적 모임인 공동위원회All-Party Parliamentary Group;APPG와 영국 국립리터러시재단National Literacy Trust 등이 주도해서 만든 가짜뉴스와 비판적 리터러시 역량 교수위원회 Commission on Fake News and the Teaching of Critical Literacy Skills는 2017 년 6월부터 1년 동안 가짜뉴스가 어린이·청소년에게 미치는 영향, 그리고 그것을 극복할 수 있는 방법 등을 마련하기 위해 광범위한 자료 수집과 분석을 실시하고 그 대책을 2018년 6월 11일 발표했다.[6]

이 보고서는 위원회가 초등학생, 중학생 그리고 교사들을 대상으로 페이크뉴스 실태조사 결과를 상세하게 제시하고 정부당국, 학교, 가정, 미디어 단체 등이 수행해야 할 권고 사항들을 담고 있다.

한편 연구 과정에서 가짜뉴스에 대한 실태를 조사한 결과 다음과 같이 예상 외의 결과들이 나타났다.

- 5명 중 1명의 어린이가 그들이 온라인상에서 읽은 것을 모두 사실이라고 믿고 있다.
- 초등학생들을 대상으로 실험한 결과 실제 뉴스와 가짜뉴스를 구분할 수 있는 학생은 3.1%에 불과했다.
- 교사 3명 중 1명35%은 학생들이 온라인상의 허위정보와 가짜뉴스를 사실로 인정하고 과제를 해 온다고 말했다.
- 교사 10명 중 6명은 가짜뉴스가 학생의 웰빙에까지 부정적인 영향을 미치고 아이들의 세계관을 왜곡시키고 있다고 우

려했다.

- 교사의 절반 이상53.5%은 영국 교육의 교과과정이 가짜뉴스를 식별하는데 필요한 체계를 갖추지 못하고 있다고 응답했다.

전국 리터러시 재단의 연구 결과는 학교 교육에서 비판적 사고가 얼마나 중요한지를 다시 한번 확인해 주었다. 어린이와 청소년의 절반 이상이 주어진 뉴스나 정보가 사실인지 아닌지 구분할 수 없다는 점에 두려움을 표했고, 결과적으로 뉴스미디어 전반에 대한 신뢰도 인식에 부정적인 영향을 미쳤다. 어린이와 청소년에게 미치는 영향에 대한 충격은 불안과 두려움을 가중시켰으며 나아가 이들의 세계관을 왜곡시키기까지 했다. 이것은 또한 어린이, 청소년의 개인적인 문제에 그치지 않고 사회 전반에 영향을 미친다는 점에서 그야말로 심각한 문제가 아닐 수 없다.

영국 리터러시 재단National Literacy Trust은 지난 1년 동안 가짜뉴스가 어린이 및 청소년에게 미치는 영향을 조사하고 문제 해결에 필요한 조치와 제안 사항들을 발표했다. 이 과정에서 정부, 언론기관, 학부모 및 학교의 조치를 포함하여 부문 간 대응이 필요하다는 사실을 발견했다. 그중에서도 특히 중등학교 지도자와 교사들에게 중요한 부분은 다음과 같다.

"학교 전체를 대상으로 비판적 리터러시를 가르치는 접근 방식은 커리큘럼을 넘나드는 비판적 사고를 배양하는 데 필수적이다. 교사와 학교들은 어떤 분야 그리고 모든 주제에서 비판적 리터러시를 적극적으로 그리고 명확하게 가르칠 수 있도록 필요한 모든 CPD전문성 개발와 자료를 제공받을 수 있어야 한다."

영국 리터러시 재단이 발간한 교재들은 최근 사회적 논란을 불러일으키고 있는 허위정보와 가짜뉴스, 더 나아가 디지털 세계의 모든 정보를 비판적으로 읽고 능동적으로 활용할 수 있도록 가르치는데 목표를 두고 있다. 이를 위해 비판적 사고의 원리를 적용하여 핵심적인 개념과 질문을 제기하고 다양한 사례와 함께 주제별 토론 카드를 제공함으로써 모든 주제, 모든 분야에 대해 효율적으로 거르칠 수 있는 방법들을 제공하고 있다. 특히 다양한 사례와 함께 주요 주제 및 분야별로 모범적인 수업지도안을 제공함으로써 보다 편리하고 유용하게 활용할 수 있도록 했다. 이 교재를 통해 지도할 수 있는 영역을 구체적으로 제시하면 다음과 같다.

☐ Citizenship KS3

☐ Drama KS3

☐ Economics KS5

☐ English KS4

☐ History KS4

☐ Maths KS4

☐ PSHE KS4

☐ Science KS3

☐ School library KS3

☐ Sociology KS5

국립 리터러시 재단의 활동과 별개로 DCMC의 중간 보고서는 53개 권고안 중에서 51에서 53조 사이에 미디어 리터러시 교육의 강화를 위한 제안을 다음과 같이 제시했다.

디지털 리터러시: 51~53조항

51. 정부는 소셜 미디어 기업들이 포괄적인 교육 프레임워크를 위한 재정을 지원할 수 있는 부담금을 백서의 제안서에 포함시킬 것을 권고한다. 디지털 리터러시는 읽기, 쓰기 및 셈하기에 이어 교육의 네 번째 축이 되어야 한다. 디지털문화미디어스포츠부는 교육부와 협력하여 디지털 리터러시를 종합생활 커리큘럼의 한 부분으로 포함시켜야 한다. 소셜

미디어 기업들의 교육 분담금은 정부에 의해 추가된 커리큘럼 부분을 개발, 운영하는 데 사용되어야 한다.

3

프랑스의 미디어 리터러시 공교육화를
위한 세부 지침들

영화의 발원지인 프랑스는 세계 최초의 영화 교육 컨퍼런스를 개최할 정도로 일찍부터 미디어 교육의 중요성을 강조해 왔다.[7] 2005년에는 '학교의 미래를 위한 지향과 프로그램법' 제정을 통해 공통 역량의 기본 핵심에 미디어 교육을 공식적으로 포함시키고 각급 학교에 미디어 교육의 저변을 확대해 왔다.[8]

학교 바깥에서 이루어지는 미디어 리터러시 교육은 미디어 리터러시 교육의 공교육화를 목표로 1983년에 설립된 끌레미CLEMI를 중심으로 이루어져 왔다.[9] 끌레미는 미디어와 정보 교육을 담당하는 교육부 산하기관으로 언론매체 및 국가기관, 그리고 시민단체들과 파트너십을 맺어 다양한 교과목에 활용할 수 있는 수업 자료 및 지도안 등을 만들어 배포하고 다양한 행사를 주관하기도 한다.

끌레미의 주관하에 연례행사로 개최되는 미디어 리터러시 주간 행사는 프랑스의 미디어 리터러시에 대한 각계의 관심과 수준을 보여 주는 좋은 바로미터다. 기본 취지는 모든 학생들이 미디어 시스템을 이해와 관심을 높이고 미디어 콘텐츠에 대한 비판적 사고 능력을 함양시켜 시민성을 키우기 위한 것이다.

2018년 미디어 리터러시 주간 행사는 3월 19일부터 23일까지 전국적으로 350만 명의 학생과 21만 명 이상의 교사 그리고 언론인들이 참가한 가운데 개최되었다.[10] 29번째를 맞이한 올해의 테마는 지난해에 이어 '정보는 어디에서 오는가'였다. 지난해와 같은 테마를 선정한 이유에 대해 끌레미의 책임자인 이자벨 페록 뒤메즈Isabelle Féroc Dumez는 "인터넷으로 인해 끝없이 퍼져나가는, 그리고 지금은 남녀노소, 모든 시민에게 영향을 미치는 정보의 상대주의, 거짓 정보와 '대안적 진실'의 도전에 맞설 필요가 있기 때문"이라고 밝혔다.

이를 위해 미디어와 광고에 지나치게 노출되어 있는 학생들이 이에 적절히 대응하고, 가짜뉴스와 음모론이 SNS를 통해 유통되는 시대 속에서 정보의 출처를 찾아 그 진위를 확인하며, 팩트에 기반해 자신들만의 의견을 개진할 수 있도록 돕겠다는 것이다.

올해의 미디어 리터러시 주간 행사를 위해 끌레미는 '저널리즘 이해하기', '정보 생산하기', '정보·거짓 정보의 구분', '정보·광고의 구분' 등 4개의 주제로 구성된 교육 가이드를 배포했다.

이 가이드는 각각의 주제와 연관된 미디어 현상의 이해를 돕기 위한 '정보 자료'와 교실에서 사용할 수 있는 '교육 자료', 그리고 구체적인 사례를 들어 설명한 '예시 자료'를 동시에 제공하고 있다.

이 행사에는 프랑스 교육부 장 미셸 블랑캐르Jean-Michel Blanquer 장관도 참가해서 행사를 독려했다.[11] 이런 이유로 인해 학생은 물론 학부모들의 반응도 매우 긍정적으로 나타나고 있다. 2016년 말에 학부모들을 대상으로 설문조사한 결과를 보면 응답자의 78%가 지속적인 학교 미디어 교육을 원하는 것으로 나타나기도 했다.[12]

한편 프랑수아즈 니센Francoise Nyssen 문화부 장관은 마크롱 대통령이 가짜뉴스 확산을 막기 위해 법률적 규제가 필요하다고 발표한 것에 대한 응답으로 2018년 3월 15일 가짜뉴스 근절을 위한 두 가지의 정책을 발표했다. 첫 번째는 대통령의 요청에 따른 '가짜뉴스 근절 법제화'에 관한 것이며, 두 번째는 미디어 리터러시 교육 강화다. 이 두 정책은 가짜뉴스의 생산과 유포를 막기 위한 투트랙 접근이라고 볼 수 있다. 법률을 통한 가짜뉴스 근절이 당장에 발생하는 가짜뉴스 문제를 '처벌'이라는 방식으로 제한하는 것이라면, 미디어 리터러시 교육은 가짜뉴스라는 '질병'을 좀 더 근본적으로 '치료'하고 '예방'하는 데 목적이 있다는 점에서 중요한 의미를 갖는다.

문화부는 가짜뉴스 근절을 강조하는 미디어 리터러시 교육을 강화하기 위해 예년의 예산을 두 배로 증액해 연간 600만 유로를 배정하기로 결정했다. 늘어난 예산은 미디어 리터러시 교육에 참여하는 관련 단체, 일선 학교, 미디어 도서관 등을 지원하는 데 사용될 전망이다. 예산 배정 및 사용처에 대한 발표와 함께 문화부 장관은 미디어 리터러시 교육을 강화하기 위해 첫째, 관련 단체와 협력을 강화하고, 기자들의 직접적인 교육 참여를 독려할 것, 둘째 미디어 도서관에서의 미디어 리터러시 교육 확대, 셋째 공영방송사와 공동으로 미디어 리터러시 교육을 위한 플랫폼 구축이라는 구체적인 방안을 제시했다.

한편 프랑스 가짜뉴스 대책을 위한 태스크포스팀은 이와 별도로 가짜뉴스에 대응한 구체적인 권고안을 제시했다.[13]

18. 어린들은 물론 성인들에게도 미디어 리터러시와 비판적 사고를 교육 훈련시켜라.

각 정부별로 동등한 기준을 적용하는 것은 아니지만 학교에서 미디어 리터러시 촉진은 가장 널리 합의되고 있는 권고안 중의 하나이다. 그러나 미디어 리터러시를 학교 교육과정을 통해서 획득되는 것으로만 한정할 경우, 그 효과를 제대로 알기 어렵다. 미디어 리터러시 교육의 효과는 오랜 기간에 걸쳐 나타나고 결국 가시적인 효과는 성인이 되었을 때서야 나타나기 때문이다. 따라서 미디어 리터러시는 비판적 사고와 함께 학교 교육과정뿐만 아니라 성인들에게 지속적으로 실시하는 것이 필요하다.

10대와 그 이상의 학생들에 대한 교육 또한 대단히 중요하다. 그들은 경험 부족과 사회문화적 환경 등 여러 가지 이유로 정보 조작에 가장 취약하기 때문이다. 그럼에도 불구하고 이들은 어렸을 때부터 당연히 받아야 할 미디어 리터러시 교육을 받지 못하고 있다. 대학생들의 경우 대학 입학 첫해에 필수 커리큘럼을 통해 배우는 것이 유용할 수 있다. 사회과학 분야나 인접 분야 학과에서 최소한 교양 필수과목으로 정하는 등의 시도를 할 필요가 있다.

미디어 리터러시 교육의 기본 아이디어는 정보를 접한 사람이 정보의 타당성논증, 증거과 출처신뢰성, 동기를 평가할 수 있는 능력을 가지도록 하자는 것이다. 이는 19세기에 사람들이 손을 씻는 법을 배웠던 것과 마찬가지로 공중위생에 대한 대응력을 갖도록 하는 것이다. 스웨덴처럼 《디지털 위생 가이드》를 만들어 사용하는 것도 한 방법이다.

다시 말하면, 어렸을 때부터 삶의 여러 단계에 걸쳐 이미지, 시청각 미디어, 비판적 사고 및 합리적 논증에 관해 교육하는 것이 결정적으로 중요하다. 정보에 대한 평가는 학습을 통해 익힐 수 있는 기술 혹은 역량이다. 비판적 사고와 이성적인 논증에 관한 교육과정은 일부 국가에서 이미 널리 이용되고 있으며, 심지어 대학에서 필수과목으로 간주되고 있다. 이 교육과정들은 학생들에게 잘못된 추리나 궤변을 구분해 낼 수 있는 방법과 그러한 것들에 대해 어떻게 방어해야 하는지를 가르쳐 준다. 이러한 지적 자기방어를 위한 대응 능력이 개발되어야 한다.

미디어 리터러시 교육을 위한 구체적인 조치

일반적으로 볼 때, 이행되어야 할 행동 조치들은 최소한 두 가지 이유 때문에 방해를 받아 왔다. 교사들은 충분한 교육을 받을 기회가 없었고 이러한 제안들을 교육과정 혹은 수업에 반영할 수 있는 충분한 시간도 갖지 못했다. 따라서 정부는 이러한 상황을 염두에 두고 문제를 해결해야 한다.

미디어 리터러시 교육의 일부는 사람들이 트롤, 봇, 딥페이크 등과 같이 현재 존재하는 기술적 진보에 대해 사려 깊게 대응할 수 있도록 하는 것을 포함한다. 학교에서 아이들은 허위정보와 음모 이론을 구성하고 해체하는 법을 배워야 한다. 이것은 가짜 정보와 음모 이론들을 깨뜨리고 상대화시키는데 도움을 줄 것이다. 아이들은 미디어 이미지의 출처를 확인하기 위해 구글의 이미지 검증법도 배워야 한다. 또한, 해독이나 해석 방법뿐만 아니라 워크숍, 시뮬레이션 등을 통해 토론, 특히 온라인 토론에 참여하는 방법도 배워야 한다.

미디어 리터러시 교육에는 젊은이들이 개인화와 필터 버블과 같은 네트워크 알고리즘 작동을 이해할 수 있도록 기술에 대한 이해와 응용력이 포함되어야 한다.

교실을 넘어서: 미디어 리터러시 교육의 효과를 높이기 위해 정보 검증 교육은 텔레비전을 포함한 다양한 미디어와 커뮤니케

이션 영역을 포함해야 한다. 따라서 유튜브 그리고 스냅챗이나 인스타그램 등과 같은 디지털 플랫폼을 통해 이루어지는 커뮤니케이션 현상까지 포함해야 한다.

특별한 이벤트들이나 교육 프로그램들과 같은 공공 캠페인을 통해 성인들에게까지 도달할 필요가 있다. 이와 관련하여 지역별로 기자들과 교사들을 교육하는 NGO 발트미디어센터NGO Baltic Centre for Media Excellence의 활동은 흥미로운 사례를 제공한다. 정부 부처의 공무원을 포함한 공적 서비스 기관의 종사자들에게 '디지털 위생'을 강화하고 자율적인 방식으로 행동할 수 있도록 내적인 전문 역량을 개발할 수 있도록 교육하는 것이 중요하다. 프랑스 국립방위연구소IHEDN와 유사한 기관들이 정보 위협에 대응한 교육 세션을 제공할 수도 있을 것이다.

레크리에이션 측면도 중요하다. 왜냐하면, 정보 조작이 자주 흥미를 유발하고 있어서 그에 대한 해결 방안이 너무 딱딱하고 지루하게 이뤄질 경우 목표를 달성할 수 없기 때문이다. 이런 점에서 나토 전략커뮤니케이션센터NATO Strategic Communications Center of Excellence가 페이스북 용으로 개발한 것과 같은 게임이 젊은이와 고령층 모두의 관심을 끌어들이는데 매우 효과적일 수 있다.

4

미국의 주 교육법 개정을 통한
미디어 리터러시 공교육화 현황

미디어 리터러시 교육 일반 현황

미국은 1917년에 일종의 미디어 교육 교재용으로 《영화교육》Motion Picture Education이라는 책을 발간할 정도로 오랜 미디어 교육의 역사를 가지고 있다.[14] 1955년에는 더 나은 방송협의회ACBB가 발행하는 뉴스레터에서 '미디어 리터러시'media literacy란 용어를 처음 사용하기도 했다.[15] 1969년에는 3~5세의 유아를 대상으로 한 교육용 텔레비전 프로그램 세서미 스트리트Sesame Street를 만들어서 40년 이상에 걸쳐 미국은 물론 140개 이상의 국가와 지역에서 사랑을 받기도 했다.

1989년에는 미국 미디어 리터러시 센터CML가 질문의 원리에 기초한 5개의 핵심 개념들을 제시함으로써 비판적 사고를 적용한 미디어 리터러시 교육의 초석을 놓았다.[16] 미국에는 그밖에

커먼센스, 미디어 리터러시 나우, 미디어 리터러시 협회 등과 같은 다양한 기관들이 초중고등학교 교육과정과 연계된 교수학습 자료들과 프로그램들을 개발, 운영함으로써 미디어 리터러시 교육 발전의 견인차 역할을 하고 있다.

가짜뉴스·허위정보에 대응한 미디어 리터러시 교육

2016년 11월 미국 스탠퍼드대학 교육대학원이 중학생부터 대학생까지 총 7,804명을 대상으로 뉴스 소비와 관련된 조사를 실시한 결과는 충격적이었다.[17] 조사 대상 중 중학생의 82%는 특정 기사가 광고성 기사인지 일반적인 기사인지 알아보지 못했다. 중학생에게 제시된 질문 중의 하나는 인터넷 잡지인 '슬레이트' Slate 웹사이트의 메인 화면을 보고 뉴스와 광고를 구별하는 것이었다. 이 질문에서 조사를 받은 203명의 중학생 중 82%가 '스폰서' 태그를 달고 있는 광고를 실제 뉴스 보도로 받아들였다.

고등학생을 대상으로 한 조사 항목에는 소셜 미디어의 운영 원칙을 숙지하고 있는지가 포함됐다. 트위터와 페이스북에서 파란색 체크 표시가 된 계정이 공식 페이지라는 사실을 알고 있는지 물어본 것이다. 피실험자들은 당시 도널드 트럼프 대통령 후보의 페이스북 게시글 두 개를 평가했다. 하나는 폭스뉴스 공식 계정이고 나머지 하나는 이를 위조한 것이었다. 결론적으로 4명 중 1명꼴의 학생만이 파란색 체크 표시를 통해 공식 계정을 찾아

냈다. 4명 중 3명꼴의 고등학생은 위조한 계정을 더 신뢰할 만하다고 여겼는데, 판단 근거는 디자인 요소였다. 이는 학생들이 정보 출처에 대한 개념이 제대로 확립돼 있지 않다는 것을 뜻한다.

대학생의 경우 웹사이트의 신뢰도를 평가하는 질문을 받았는데 대다수 학생이 게시물이 많은 웹사이트, 명성이 높은 뉴스 기관 웹사이트 등에 별다른 의심 없이 접근하는 경향을 보였다.

◎ 학생들에게 제시한 뉴스 판별 질문지

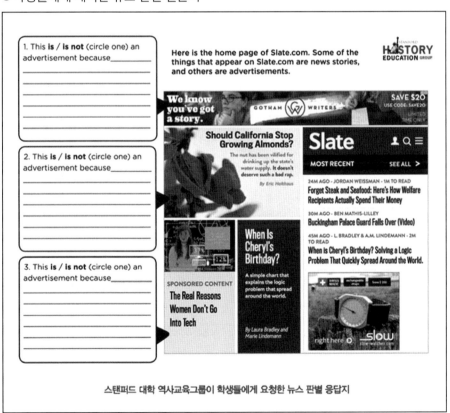

스탠퍼드 대학 역사교육그룹이 학생들에게 요청한 뉴스 판별 응답지

미국에서는 수정헌법 제1조에 따라 허위정보와 관련된 별도의 규제법이나 정책은 고려하지 않고 있지만, 가짜뉴스의 현상과 광범위한 영향에 대한 대대적인 연구와 미디어 리터러시 교육을 강화하는 방향으로 나아가고 있다.[18]

법제나 정책 분야와 달리 교육 부문에서는 다른 어느 나라보다 발빠른 행보를 보이고 있다. 미국에서는 현재 25개 주에서 주 교육법에 미디어 리터러시 교육을 추가하거나 신설하는 내용의 법 재개정을 추진하고 있다.[19] 이들 중 상당수의 법안이 가짜뉴스에 자극을 받아 발의되었지만 법안 내용들은 미디어 리터러시를 중심으로 미디어의 안전한 이용, 디지털 시티즌십 등의 내용이 추가되는 특징을 보이고 있다.[20]

뉴저지주는 미디어 속 폭력에 대한 대응책으로 미디어 리터러시 교육 법안을 내놓았다. 영어 교육 핵심 과정 속에서 미디어 리터러시를 효과적으로 다루는 방법을 골자로 하고 있다.[21] 다이앤 앨런Diane Allen 뉴저지주 상원의원은 21세기 밀레니얼 세대에게 맞는 미래의 교육으로 미디어 리터러시를 강조했다. 소셜미디어를 책임 있게 사용하고 인터넷 안전에 유의하는 등에 관한 교육과 더불어 비판적으로 미디어를 평가하는 미디어 리터러시 교육은 미래를 대비하는 데 필수적이라는 것이 그 이유였다.

코네티컷주는 기본 교과과정에 미디어 리터러시를 포함하면서 추가로 컴퓨터 프로그래밍 교육에 안전한 소셜 미디어 사용 방법을 포함시켰다.[22] 플로리다주도 책임 있는 소셜미디어 활용을 초등학교 5학년과 6학년에 걸쳐서 교육하고 있다. 오하이오

주는 기본 교과과정에 정보, 미디어, 테크놀로지에 대한 학습을 국제적 수준에 맞춘다는 원칙을 고수하여 미디어 리터러시 교육이 이뤄질 수 있게 했다. 유타주는 디지털 시민의식과 안전한 테크놀로지 사용을 권장하는 법안을 최근에 통과시켰다.

2017년 2월 28일에 팀 브릭스Tim Briggs 펜실베이니아주 하원의원은 유치원부터 12학년에 이르는 전체 학생을 대상으로 각 학년에 맞는 미디어 리터러시 교육을 종합적으로 도입하는 법안을 발의했다. 이 법안의 취지는 학생들의 비판적 사고 능력을 배양해서 소셜 미디어 속 가짜뉴스에 속지 않게 미래 세대를 육성하는 것이다.

미네소타주는 핵심 교과과정에 미디어 리터러시를 가르칠 수 있는 기준을 마련했다. 이 기준은 유치원에서 12학년까지 모두 미디어 리터러시를 배울 기회를 충분히 제공하도록 한 것이다. 뉴멕시코주도 중학교와 고등학교에서 선택과목으로 미디어 리터러시를 교육할 수 있게 했다. 매사추세츠주와 뉴욕주에서도 디지털 시민의식과 미디어 리터러시를 학교에서 교육할 수 있는 법안을 제정했다. 이 외에도 미국의 많은 주가 미디어 리터러시 관련을 법안을 준비하거나 추진하고 있다.

워싱턴주는 주교육법 개정을 통해 2017년 7월 30일부터 공교육에서 디지털 시티즌십, 미디어 리터러시 그리고 인터넷 안전 등을 공식 교육과정에 포함시켰다.[23] 2017년 7월 23일부터 발효된 이 법안은 미디어 리터러시를 "미디어에 접근해서 분석, 평가하고 제작할 수 있는 능력"으로 정의하고 소스와 관점의 균형성 등의 규정을 담고 있다. 여기에서는 미디어 리터러시의 핵심 개념과 비판적 사고를 통해 가짜뉴스를 구분하는 방법까지 포함하고 있다.

법이 통과됨에 따라 주 교육위원회는 교사, 사서, 교장 및 학교 기술 책임자 등을 대상으로 광범위한 조사를 거쳐 미디어 리터러시 등의 교육을 정규 커리큘럼에 통합하는 작업을 단계적으로 추진하고 있다. 이와 함께 새로운 웹사이트를 만들어 모범적 사례들과 관련 자료들을 쉽게 이용할 수 있도록 하는 내용도 포함시켰다.[24]

한편 미국 캘리포니아 주의회는 2018년 8월 27일, 공립학교 정규 교육과정에 미디어 리터러시 커리큘럼을 포함시키는 내용을 골자로 한 '미디어 리터러시법'Senate Bill 830을 만장일치로 가결했다.[25] 빌 도드Bill Dodd 상원의원이 주도한 이 법은 미디어 리터러시를 "전자 혹은 디지털 미디어를 통해 전달되는 상징들을 해독하고 표현하는 능력 그리고 매개된 메시지들을 통합, 분석하고 생산하는 능력"으로 정의하고 이를 체계적으로 개발하는 데 목적을 두고 있다.[26] 이에 따라 주 교육청은 미디어 리터러시를 학교 교육과정에 추가하는데 필요한 프레임워크를 개발하고 교사들을 위한 미디어 리터러시 전문성 개발 프로그램을 비롯하여 실제 수업에 필요한 자료와 자원 등을 체계적으로 갖추기 위한 준비에 들어갔다.

2018년 미디어 리터러시 주간 행사는 '사실 혹은 거짓'fact or fake을 주제로 2018년 11월 5일부터 9일까지 5일간 개최됐다.[27] 미국 미디어 리터러시 협회National Association for Media Literacy Education가 주관하는 이 행사는 매년 11월 첫째 주에 미디어 리터러시 교육의 필요성과 중요성을 널리 알리기 위해 기획한 것으로 미디어 리터러시 학계 인사 및 전문가, 언론인, 교사 및 학생들이 모여 다양한 주제의 토론과 각종 참여 행사를 벌인다. 장소는 전국에서 개최되며 각 지역의 대학, 미디어 리터러시 관련 단체에서 주관한다. 2017년의 경우 전국적으로 225개의 미디어 및 미디어 리터러시 관련 단체가 참가했다.[28]

미국의 경우 학교나 도서관 그리고 미디어 리터러시 교육기관 외에 언론사들의 적극적인 참여가 두드러진다. 미국 공영방송 PBS는 러닝 미디어Learning Media 웹사이트를 개설하여 교사와 학생들이 미디어 교육을 받을 수 있는 학습의 장과 소통의 커뮤니티를 만들어 미디어 리터러시 교육의 활성화에 간접적으로 기여하고 있다.[29] 특히 가짜뉴스에 대응하기 위한 다양한 자료와 학습 도구를 만들어 주제에 쉽게 접근할 수 있도록 돕고 있다.

미국 학계는 《균형 잡힌 사전》balanced dictionary을 편찬했다.[30] 다소 생소한 이름의 이 사전은 미국 대학생들이 사회적으로 논란이 되는 문제에 대해 잘 이해할 수 있도록 도와주자는 취지에서 만들어진 것이다. 사전 편찬을 주도한 곳은 다양한 관점의 뉴스 서비스를 제공하고 미디어 리터러시 교사연수 및 관련 자료를 서비스하는 미디어 스타트업, 올사이즈Allsides이다.

올사이즈사는 "가짜뉴스가 양산되고 특히 도널드 트럼프 대통령이 당선된 이후 정당 간은 물론 같은 정당 내에서도 갈등과 분열이 확산되고 있기 때문에 대학생들에게 사회문제에 대해 균형 잡힌 시각을 가질 수 있도록 하기 위해 이 사전을 만들게 되었다"고 그 배경을 밝혔다.

'올사이즈AllSides 딕셔너리'란 이름으로 서비스되고 있는 이 사전은 사회적 논란의 여지가 있는 수백 개의 단어와 개념을 선정하고 각각의 용어나 개념에 대해 다양한 관점에서 기술하고 독자들이 비판적으로 사고할 수 있도록 도와주는 질문들도 수록하고 있다.

'올사이즈 딕셔너리'는 온라인 형태로 서비스되고 있는데, 예를들어 '테러리즘'이란 용어를 클릭하면 테러리즘의 일반적 정의와 언어적 기원, 용례, 그리고 이 용어에 대한 다양한 관점들이 제시된다. 또 테러리즘에 대해 비판적 사고를 할 수 있도록 다양한 형태의 질문이 주어진다.

5

싱가포르의 미디어 리터러시
공교육화 프레임워크

싱가포르는 2010년 11월 발간된 《맥킨지보고서》에 세계에서 가장 우수한 교육 시스템을 갖춘 국가 중 하나로 선정될 정도로 선진화된 교육 시스템을 구축하고 있다. 이를 반영하듯 국가 차원의 미디어 리터러시 정책도 적극적으로 수행하고 있다. 싱가포르 미디어부는 2012년 미디어 리터러시와 건전한 사이버 문화를 촉진시키기 위해 미디어 리터러시 위원회 Media Literacy Council 를 발족했다.[31]

한편 싱가포르 도서관위원회 the National Library Board 는 2013년부터 정보의 소스를 이해하고 분석, 평가하자 Source, Understand, Research, Evaluate;SURE 는 취지의 캠페인을 전개하고 실제 수업 현장에도 적용해 왔다.[32] 이는 미디어 메시지를 비판적으로 읽는 방법을 국민에게 가르치는 것으로 홈페이지에서는 관련된 자료와 수업 팁을 제공하기도 한다. 2017년 이후에는 가짜뉴스·허위정보 판별을 위해 다양한 프로그램을 수행하기도 한다.

싱가포르에서 글로벌 시장조사 업체인 입소스Ipsos는 지난 7월 30일부터 8월 2일까지 15~65세의 싱가포르 시민과 현지 거주 외국인 750명을 대상으로 가짜뉴스 구분 능력을 실험한 바 있다.[33]

각각 5개씩의 가짜뉴스와 실제 뉴스를 제시하고 구분 능력을 알아본 결과 5개 모두를 구분해 낸 응답자는 전체의 9%에 불과했으며 1개도 맞추지 못한 응답자도 10%에 달했다. 실험 전에 가짜뉴스를 구분할 자신이 있느냐고 질문한 결과 79%가 자신 있게 구분할 수 있다고 응답했으나 그 결과는 전혀 다르게 나타났다. 이러한 가짜뉴스 구분 능력은 15세에서 24세 사이의 응답자, 흔히 Z세대라고 불리는 응답자에게서 특히 취약한 것으로 나타났다.

한편 싱가포르 의회의 온라인 허위정보 대책위원회는 중간 보고서를 정책 제1순위로 미디어 리터러시 강화 방안을 발표했다.[34]

(온라인 허위정보 퇴치를 위한)공공교육 프레임워크를 마련한다

정부는 미디어 리터러시 공교육화를 위해 공공교육 이니셔티브를 조정하고 가이드할 프레임워크를 마련한다. 학교의 경우, 그 프레임워크는 비판적 사고 능력을 부과해야 하며 허위정보 게시자의 동기와 주요 어젠다, 그들의 전략과 기법 등에 관한 동기와 어젠다들을 다루는 커리큘럼을 포함해야 한다. 도덕 및 시민 교육은 적극적이고 건설적인 공적 담론과 책임 있는 온라인 행동을 기르는 데 초점을 맞춰야 한다.

일반 대중들의 경우 이 프레임워크는 정보 및 미디어 리터러시를 구축하는데 필요한 교육적 시도들을 안내할 수 있어야 한다. 이 프레임워크는 또한 정부의 정책을 조정해서 사회 모든 분야를 포함해야 한다. 정부는 자체 캠페인을 넘어 광범위한 확산을 위한 지원을 독려해야 한다.

싱가포르 이스와란Iswaran 정보통신부 장관은 2018년 11월 2일 기자회견에서 2019년 6월 정보 미디어 리터러시를 교육과정에 반영한 국가 프레임워크가 출범할 것이라고 밝혔다.[35] 이러한 계획은 싱가포르 의회의 온라인 허위정보 대책위원회가 '미디어 리터러시를 반영한 국가 교육 프레임워크를 수립해야 한다'는 권고안을 반영한 것이다.

국가 교육 프레임워크에는 초중고등학교 외에 국립도서관위원회NLB, 인포컴 미디어 개발청IMDA, 사이버 보안청CSA 등 학교 밖에서 미디어 리터러시 교육 활동을 하는 기관들의 역할까지 포함된다.

특히 미디어 리터러시 교육의 체계화를 위해 학교 밖에서 활동하는 미디어 리터러시 기관들의 미디어 리터러시 관련 프로그램들에 대한 내용 가이드라인도 만들 예정이다. 즉 각 기관들의 고유 특성과 프로그램들을 인정하면서도 허위정보에 대한 예방력을 키우기 위해 비판적 사고 교육을 체계적으로 반영한다는 것이다. 이와 함께 2018년 11월 중순 이후에는 온라인 허위정보를 판별하기 위한 다양한 미디어 리터러시 툴킷과 실제 사례에 바탕을 둔 학습 자료들이 학교 현장에 투입될 것이라고 밝혔다.

6

유럽연합의 미디어 리터러시
관련 정책 방향과 세부 지침들

유럽평의회는 3월 8일, EU 회원국들의 미디어 다원주의와 소유의 투명성 증진을 위한 가이드라인을 발표했다.[36] 급속한 기술 발전이 미디어 전반의 역할과 다원성에 중대한 영향을 미치고 있는 상황에 공동 대응하기 위해 마련된 이 가이드라인은 다원성과 함께 투명하고 참여적인 미디어 환경을 조성하는데 필요한 지침과 실천 전략을 담고 있다.

13개 조항으로 된 전문과 권고안, 그리고 부칙들로 구성된 이 가이드라인 중에서 특히 눈길을 끄는 부분은 10조에 규정한 미디어 리터러시 관련 정책 방향과 세부 지침들이다. 유럽의 경우 이미 오래전부터 회원국들 간의 다양한 네트워크 구축을 통해 활발한 정보 교환과 협력 활동을 해왔지만, 전 회원국에 적용되는 가이드라인을 만들어 적극적인 정책 시행을 촉구하기는 이번

이 처음이다.

특히 전문과 부칙에 수록되어 있는 미디어 리터러시 관련 지침들은 체계적인 개념 정의와 함께 적용 범위와 큰 틀의 방법론까지 담고 있어서 미디어 교육의 방향을 고민하고 있는 우리나라에 시사하는 바가 많다. 전체 가이드라인 중에서 미디어 리터러시 정책과 관련된 조항과 세부 지침들을 발췌, 소개한다.

입법 조치를 포함한 적극적인 정책 실행 강조(제10조)

미디어의 범주와 콘텐츠가 급격히 확대되고 있는 상황에서 개개인이 미디어 콘텐츠에 효과적으로 접근하고 비판적으로 분석할 수 있도록 인지적, 기능적, 그리고 사회적 역량을 개발하는 일은 지극히 중요하다. 여기에는 메시지 제작을 포함한 효율적인 커뮤니케이션 방법과 미디어 및 새로운 테크놀로지에 대한 윤리적 사용에 대한 이해가 포함된다. 미디어 리터러시는 또한 디지털 격차를 줄임으로써 미디어 다원주의와 다양성 확보하는 데 중요한 역할을 한다. 특히 정치적, 공적 현안은 물론 상업적 콘텐츠와 관련해서 허위 혹은 왜곡된 정보에 대한 판별력을 키워줌으로써 합리적인 의사결정을 이끌어주기도 한다.

부칙 5조: 미디어 리터러시와 교육

1항. 회원국들은 개개인이 소셜 미디어를 포함한 모든 미디어를 통해 콘텐츠에 접근해서 비판적으로 분석·평가하고 또 자신의 메시지를 제작할 수 있도록 미디어 리터러시를 촉진하는 입법 조치나 아니면 과거보다 더 적극적인 정책을 도입해야 한다. 그러한 입법 조치나 정책에는 디지털 미디어에 접근하고 관리할 수 있는 디지털 기술 역량도이 포함되어야 한다. 미디어 리터러시의 또 다른 중요한 목표는 개개인이 자신의 개인정보가 인터넷 플랫폼들에 의해 어떻게 수집, 저장되고 또 활용되는지 알 수 있도록 하는 것이다.

2항. 회원국들은 또한 각 국가별로 체계적인 미디어 리터러시 정책을 개발하고 1년 단위 혹은 다년간에 걸친 액션플랜을 수립, 실행하고 목표 달성에 필요한 자원들을 제공해야 한다. 여기에서 핵심 전략은 광범위한 이해 관계자로 구성된 국가별 미디어 리터러시 네트워크들을 적극 지원하는 것이다. 또 국가별로 개발된 우수한 실천 사례들은 국제적인 포럼을 통해 공유되고 확산되어야 한다.

3항. 오늘날과 같은 멀티미디어 생태계에서 미디어 리터러시는 모든 연령대와 모든 사회 계층의 사람들에게 필수적이다. 따라서 미디어 리터러시 촉진 정책에는 모든 수준의 학교 커리큘럼은 물론 평생학습을 위한 체계적인 교수 학습법의 개발과 교사들을 위한 교육 훈련 제공 등이 포함되어야 한다.

미디어의 적극적인 참여 독려

4항. 회원국들은 모든 미디어가 편집권의 독립을 침해받지 않고 정책, 전략 및 실천 활동 등을 통해 미디어 리터러시를 촉진할 수 있도록 독려해야 한다. 특히 공공 미디어와 커뮤니티 미디어는 자체의 목적, 위임 사항, 실무 지침들에 근거해서 미디어 리터러시를 촉진하는 데 중요한 역할을 수행할 수 있다. 회원국들은 또한 공공 미디어와 커뮤니티 미디어 고유의 역할에 기초한 지원 시스템을 통해 미디어 리터러시를 촉진해야 한다.

5항. 회원국들은 각 국가의 독립적인 규제 기관이나 기구들이 미디어 리터러시를 촉진하는 데 필요한 기회와 자원을 확보할 수 있도록 다양한 지원을 할 필요가 있다.

6항. 회원국들은 자국의 체계적인 미디어 리터러시 프로그램에 따라 시민들이 미디어를 통해 유통되는 정보와 아이디어에 대해 분별력 있고 비판적인 평가를 할 수 있도록 미디어 다원주의와 소유권의 투명성을 보장할 필요가 있다. 이를 위해 회원국들은 개개인들이 미디어의 제작 과정, 즉 미디어 콘텐츠의 생산, 수집, 조정, 배포 등에 미치는 영향 요인들을 보다 잘 이해할 수 있도록 미디어의 소유권, 조직 체계, 그리고 재정 상태 등과 관련된 정보의 투명성을 보장해야 한다.

07

스무고개로 넘는
허위정보 판별 가이드

모두를 사랑하되, 몇 사람만 믿고 아무에게도 해를 끼치지 말라.
-셰익스피어

1

미디어 리터러시의 핵심 원리를
적용한 허위정보 판별

    미디어 리터러시 교육이 가짜뉴스나 허위정보를 판별하는데 유용한 이유는 모든 미디어 메시지에 대해 비판적 사고 과정을 강조하는 미디어 리터러시의 핵심 원리 때문이다. 가짜뉴스·허위정보 역시 미디어 메시지의 한 유형으로 누군가가 다른 사람이나 집단에게 해를 입히기 위해 또는 정치적, 경제적 이익을 얻기 위해 의도적으로 만든 거짓 정보이다. 따라서 미디어 리터러시 교육에서 강조하는 다섯 가지의 핵심 개념과 핵심 질문들, 그리고 그에 따른 세부 질문들은 가짜뉴스·허위정보를 판별하는 유용한 틀이 될 수 있다.

◎ 미디어 리터러시의 핵심 개념과 질문들

핵심 개념 1	모든 미디어 메시지는 구성된 것이다.
핵심 질문1	이 메시지는 누가 만들었는가?
핵심 개념 2	미디어 메시지는 그 자체의 룰 속에서 다양한 언어를 신중하게 사용해서 만들어진다.
핵심 질문 2	이 메시지는 어떤 언어적, 설득적 기법을 사용했는가?
핵심 개념 3	사람들은 같은 메시지라도 다르게 인식한다.
핵심 질문 3	사람들은 왜 같은 메시지를 다르게 인식하는가?
핵심 개념 4	미디어 메시지는 특정의 가치나 관점을 실어 나른다.
핵심 질문 4	이 메시지는 어떤 가치 혹은 관점을 가지고 있는가?
핵심 개념 5	미디어 메시지는 그 나름의 목적을 가지고 있다.
핵심 질문 5	이 메시지는 무슨 목적으로 만들었는가?

허위정보의 문제가 심각해지면서 국제도서관연맹 등에서 이를 판별할 수 있는 방법이나 요령을 담은 가이드북을 만들어 배포하고 있다. 물론 이런 가이드북들이 유용한 것은 사실이지만 복잡다단해지고 있는 허위정보를 제대로 판별하는 데 한계가 있다. 이런 배경에서 허위정보를 보다 체계적으로 판별하는 방법으로서 미디어 리터러시의 핵심 원리를 적용한 '스무고개로 넘는 허위정보 판별 가이드'를 만들었다. 여기에 제시한 판별법은 곧 출판할 필자의 책 《미디어 리터러시와 허위정보-디지털 세상에서 소크라테스처럼 생각하고 스티브 잡스처럼 살아가기》(가제)의 내용을 간추려 제시한 것이다.

2

스무고개로 넘는
허위정보 판별 가이드

1. 원래의 정보를 누가 만들었는가?

허위정보는 일반적인 미디어 메시지와 달리 온라인 이용자들의 관심을 최대한 끌기 위해 의도적으로 조작한 메시지이다. 여기에는 '이 조작된 정보를 믿는 사람도 있을 것'이란 전제가 깔려 있다. 따라서 누가 그것을 만들었는가를 확인하는 것은 가짜인지 혹은 조작인지를 판별하는데 중요한 기준이 될 수 있다.

따라서 우선적으로 질문해 볼 수 있는 것은 누가 그 메시지를 만들었는가이다. 누가 만들었는지 알 수 없거나 저자가 불분명한 정보에서는 당연히 의심을 품어야 한다.

2. 메시지를 만든 곳은 신뢰할 만한 사람 혹은 기관인가?

메시지를 만든 사람, 즉 저자가 분명하게 밝혀져 있더라도 그 사람이 신뢰할 만한 사람인가를 확인해야 한다. 예를 들면 신문기사 형태를 띠는 허위정보 중에 신문의 제호도 나오고 바이라인기자 이름이 나오는 것도 있지만, 그 자체가 가짜인 경우도 있다. 또 전혀 들어본 적이 없거나 생소한 이름의 언론사 웹사이트도 어떤 곳인지 확인해야 한다.

3. 웹사이트 주소나 URL은 정확한 것인가?

우리나라에서는 자주 발견되지 않지만, 외국의 허위정보 중에서 웹사이트 도메인의 철자나 표기를 달리해서 허위정보를 유포하는 경우도 있다. 예를 들면 미국 방송사인 ABC의 도메인을 ABCNews com.co로 표기하거나 영국 일간지인 데일리 메일의 도메인을 da1ly.com과 같은 식으로 위장하는 경우도 있다. 따라서 웹사이트 도메인의 철자를 포함해 정확한지 아닌지를 확인해야 한다.

그밖에 웹사이트의 도메인이 정확하다 할지라도 운영자가 누구인지, 편집기준이 무엇인지, 또 자기 소개를 정확하게 해놓았는지도 확인해야 한다. 이런 정보가 없거나 불분명한 웹사이트는 당연히 의심의 대상이 된다.

4. 콘텐츠나 게시물에 나오는 출처는 누구나 알 수 있는 것인가?

신문, 방송 등 미디어의 정보는 그 내용의 객관성, 전문성을 보여 주기 위해 정보원이나 출처를 제시하는 경우가 많다. 허위정보 중에서도 거짓임을 숨기기 위해 정보원이나 출처를 제시하기도 하지만, 그 정보원이 허위이거나 어느 한쪽에 편파적인 사람 혹은 기관을 인용하는 경우가 많다. 따라서 미디어 메시지나 게시물의 정보원이 진짜인지, 어느 한쪽에 편향된 사람인지 아닌지를 확인해야 한다.

5. 하이퍼링크로 연결된 출처는 정확한 것인가?

허위정보를 담은 게시물이라 해도 링크를 달아 놓은 경우가 있다. 그러나 링크가 걸려 있다는 이유만으로 그 정보를 믿어서는 안 된다. 해당 기사나 게시물의 주장이 모호하거나 극단적으로 보일 경우 링크를 따라가 원래의 아이디어, 인용, 그림 등이 실제로 존재하는지 확인할 필요가 있다. 만약 이런 것들을 찾을 수 없다면 기사 작성자에게 소스를 요구하는 댓글을 남기는 것도 한 방법이다.

6. 나에게 SNS 정보를 보내 주거나 나를 위해 포스트한 사람은 누구인가?

SNS에 게시된 정보를 읽을 때는 먼저 나에게 정보를 보내는 사람이 누구인지 파악할 필요가 있다. 우선 그 사람은 개인적으로 알고 있는 사람인가? 믿을 만한 사람인가? 그 사람은 사람들로부터 좋은 반응을 얻기 위해 콘텐츠를 게시한 경우가 많았는가? 그 사람은 정보를 과장하기를 좋아하는가 혹은 허위 혹은 가짜 정보를 포스팅한 경력이 있는 사람인가? 그 사람이 믿을 만한 사람이라고 확신이 서지 않을 때 그 정보를 처리하는데 주의를 기울여야 한다.

7. 지금 보고 있는 콘텐츠나 게시물을 일반 언론사 웹사이트에서도 볼 수 있는가?

허위정보 중에는 내용 면에서 중요하고 소재 면에서 자극적인 경우가 많다. 따라서 이런 정도의 비중을 가진 정보라면 일반적인 뉴스 미디어의 홈페이지나 온라인 매체 등 여러 곳에 동시에 게재되는 것이 당연하다. 스스로 생각해서 믿고 싶은 정보라 할지라도 다른 뉴스 미디어 웹사이트에도 그 내용이 게시되고 있는지 확인해 볼 필요가 있다. 이것은 그 정보에 대해 보다 깊이 이해할 수 있는 방법이기도 하다.

특히 사회적으로 논란이 되고 있는 정치 정보의 경우 다양한 시각에서 보도하는 경우가 많기 때문에 관점의 다양성을 확보한다는 측면에서 다른 뉴스 매체의 기사를 교차 검증할 필요가 있다. 이를테면 해당 메시지에 나오는 주요 단어들을 몇 개 골라 널리 알려진 뉴스 미디어 홈페이지에 들어가 검색을 해 보는 것도 하나의 방법이다.

8. 콘텐츠나 게시물에서 철자나 맞춤법이 제대로 표기되어 있는가?

허위정보의 진위 여부를 판별하는데 내용 요소도 중요하지만 형식적인 요소를 파악하는 것도 중요하다. 홈페이지를 빠르게 훑어보고 언어와 관련된 모든 요소, 즉 문법이나 철자상의 오류를 점검해 본다. 일반적인 뉴스 미디어는 아무리 시간을 다투는 속보라 할지라도 철저나 맞춤법상의 오류를 가진 정보를 내보내지 않는다. 따라서 철자나 맞춤법상의 오류가 있거나 디자인이 조잡한 게시물은 의심을 품어야 한다.

9. 콘텐츠나 게시물이 약물이나 대문자를 지나치게 많이 사용하고 있지 않은가?

허위정보 메시지들은 게시물의 내용을 강조하기 위해 과도하게 포장을 하는 경우가 많다. 예를 들면 대문자를 지나치게 많이 사용한다든지 구두점이나 약물을 지나치게 많이 사용하는 것들이다. 이런 류의 정보 역시 신뢰성을 의심할 필요가 있다.

10. 해당 정보가 게시된 날짜가 최근 것인가, 오래된 것인가?

이는 웹사이트상에 올라온 정보가 얼마나 최신의 것인지를 확인하는 것이다. 특히 정부 기관이나 공신력 있는 뉴스 미디어의 웹사이트에는 게시물을 발표한 시간이 필수적으로 들어간다. 일반적으로 업데이트 날짜 또는 게시 날짜는 웹 페이지 하단이나 기사 제목 아래에서 확인할 수 있다. 허위정보는 대부분 날짜가 수록되지 않거나 오래전의 기사들을 재생해서 쓰는 경우가 많기 때문에 현재나 최신의 시점이 확인되지 않으면 의심을 품어야 한다.

11. 사진이나 이미지는 출처를 명확하게 표기하고 있는가?

허위정보에는 그 내용이 진짜임을 증명하기 사진이 들어간 경우가 많다. 해당 게시물의 이미지 출처가 명확하게 제시되어 있는 확인해 봐야 한다. 특히 저작권과 관련된 로고를 달고 있지 않으면 의심할 필요가 있다.

12. 사진이나 이미지는 원본인가, 변형된 것인가?

허위정보는 다른 사람이나 집단에 해를 입히기 위해 의도적으로 만든 거짓 정보이기 때문에 조작된 이미지를 사용하는 경우가 많다. 따라서 리버스 이미지 검색법을 통해 이미지의 진위 혹은 변형 여부를 확인해 볼 필요가 있다. 리버스 이미지 검색은 온라인상의 사진 데이터베이스에서 해당 이미지와 일치하는 이미지가 있는지 여부를 검색하는 방법이다. 일치하는 이미지가 있다면 과거에 게재됐던 웹페이지를 찾아 확인할 수 있다. 구글 이미지와 틴아이는 수많은 사진을 수록한 데이터베이스 서비스를 제공한다. 이러한 데이터베이스를 통해 이미지 URL을 복사해서 붙여 놓거나 사진을 업로드해서 일치 여부를 검색할 수 있다. 웹 브라우저로 구글 크롬을 사용할 경우 마우스를 이미지에 대고 오른쪽을 클릭해서 구글 이미지 검색을 선택하면 더 간단하게 이미지 일치 여부를 확인할 수 있다.

13. 격한 분노나 희열을 느끼게 하는 자극적인 내용인가?

허위정보는 의도적으로 그것을 읽는 사람들의 감정을 자극하는 경우가 많다. 대표적인 예가 2016년 말 미 대선 정국에서 불거진 피자 게이트 가짜뉴스 사건이다. 피자 게이트는 '대선 후보였던 힐러리 클린턴과 민주당 고위 관계자들이 피자가게에서 주기적으로 만나 비밀리에 아동 성매매 및 성학대를 즐겼다'는 내용의 가짜뉴스이다. 이 뉴스가 보도된 뒤 에드가 웰치라는 청년이 이 뉴스를 진짜로 믿고 격분해 총기를 난사한 사건으로 확대되었다. 이처럼 가짜뉴스는 보는 사람의 격한 감정을 불러일으키는 속성을 가지고 있기 때문에 지나치게 자극적이거나 충격적인 콘텐츠는 그 진정성을 의심해 볼 필요가 있다.

14. 정보나 게시물의 내용이 사실인가 아니면 의견인가?

허위정보 문제의 근본적인 원인 중의 하나는 사실이 아닌 것을 사실로 포장해서 그것을 기정사실로 하는 것이다. 사실은 무슨 일이 일어났는지 혹은 어떤 것이 존재하는지에 대한 정확한 기록이다. 따라서 신뢰성 있는 정보나 뉴스는 사건들을 전달하는데 필요한 반론의 여지가 없이 확실한 정보에 초점을 맞춘다. 특히 우리나라에서 자주 나타나는 허위정보는 '사실' 요건을 결여한 경우가 많다. 따라서 허위정보를 가려내기 위해서는 우선적으로 게시된 정보가 사실인가 아닌가를 구분할 수 있어야 한다. 이는 허위정보를 넘어 글이나 토론에서 자신의 주장을 전개할 때 반드시 고려할 사항이기도 하다.

15. 주장이나 관점은 사실이나 객관적 근거를 가지고 있는가, 그렇지 않은가?

의견은 사건이나 사실의 의미나 영향에 대한 해석으로 개인이나 집단의 주장이나 입장이 반영되어 있다. 어떤 것이 의견으로 명명되는 한 그것은 구체적인 관점의 반영이며 다른 사람들에 확신감을 심어줄 수 있다. 따라서 가치 판단이나 견해 부분은 그것을 정당화하기 위해 사용한 근거의 타당성을 평가해야 한다. 따라서 사실이나 객관적 자료에 근거하지 않은 주장은 의심을 해야 한다.

16. 주장이나 관점이 어느 한쪽에 치우쳐 있는가, 그렇지 않은가?

어떤 사건이나 사회 현상에 대해 신문사나 방송사를 포함해 누구라도 자신의 관점을 취할 수가 있다. 그러나 어느 관점을 취하더라도 공신력 있는 미디어라면 반대의 관점도 다루어 주어야 한다. 다시 말하면 하나의 관점만을 취하거나 어느 한쪽만의 입장을 다루고 있다면 신뢰할 수 있는 정보가 아니라는 의미다. 이는 허위정보뿐만 아니라 우리나라 언론에서도 자주 보이는 현상이다. 이런 현실적 이유 때문에 일반화하기는 어렵지만 최소한 어느 한쪽의 관점이나 입장을 강조하는 정보는 일단 의심을 품어야 한다.

17. 해당 정보나 게시물의 내용이 전체인가 아니면 일부만 있는가?

정보의 신뢰성이나 진위 여부를 판별할 때는 전체적인 내용, 즉 맥락을 파악하는 것이 중요하다. 맥락은 어떤 사물이나 현상이 서로 이어져 있는 관계를 말한다. 맥락이 제공되지 않은 동영상이나 이미지로는 현상을 제대로 파악할 수가 없다. 동영상이나 이미지의 경우는 장면 배치를 다시 하거나, 순서를 바꾸거나, 다른 구도에서 재사용하거나 하는 것이 너무나 간단하다. 특히 소셜 미디어는 특성상 길고 복잡한 내용을 다루는 데 한계가 있기 때문에 어느 한 부분만 게시되는 경우가 많고, 그것이 전체인양 오인하기가 쉽다. 따라서 전체 내용을 파악하기 전에 어느 한 부분을 가지고 쉽게 판단을 내려선 안 된다.

18. 해당 정보나 게시물이 특정 정당이나 정치인에 대한 입장을 강요하는 것은 아닌가?

허위정보를 게시하는 목적은 크게 정치적 반대파에게 해를 입히거나 경제적 수익 창출을 위한 것으로 구분할 수 있다. 정치적 목적과 관련해서 정치적 입장이 다른 사람이나 집단을 음해하기 위해 허위의 선동적인 정보가 난무하기도 한다. 보수와 진보와 같은 진영 논리가 크게 작용하는 우리나라는 정치적 목적의 허위정보가 특히 많다고 할 수 있다. 따라서 특정 정당이나 정치인에게 일방적으로 불리한 정보는 그 신뢰성에 의심을 품어야 한다.

19. 해당 정보나 게시물에 상업적 목적이 있지 않은가?

최근 허위정보의 한 특징은 특히 유튜브를 중심으로 수익 창출을 위한 허위정보가 많아지고 있다는 점이다. 물론 정치적 목적과 수익 창출이 같이 작용하는 허위정보도 많다. 유튜브의 특성상 조회 수나 구독자 수가 수익과 직결되기 때문에 자극적인 허위정보도 많이 올려지고 있다. 따라서 정보를 판단할 때는 '왜 그것을 만들었을까?'라는 질문과 의심을 품어야 한다.

20. 내 스스로 해당 정보나 게시물에 편견을 갖고 있지 않은가?

허위정보가 사람들의 마음속을 쉽게 빠르게 파고드는 것은 그 정보에 대한 합리적 의심이나 비판적 사고를 하지 않고 본래적으로 가지고 있는 고정관념 때문이다. 특히 정보의 양이 차고 넘칠 정도로 많아지면서 정보를 취사선택해서 받아들이기 위한 집중력이 약화되고 보고 싶은 것만 보고 믿고 싶은 정보만 받아들이는 확증편향 현상이 심화되고 있다.

미디어 메시지를 받아들일 때 편견을 가지고 바라보면 그 메시지의 정확한 의미를 읽어내지 못할 뿐 아니라 잘못된 판단을 내리기 십상이다. 따라서 모든 미디어 메시지를 받아들일 때, 또 내가 메시지를 만들어 보낼 때도 내 스스로 편견을 가지고 있지 않은지 늘 확인할 필요가 있다.

■ 스무고개로 넘는 허위정보 판별 가이드

1. 원래의 정보를 누가 만들었는가?

2. 메시지를 만든 곳은 신뢰할 만한 사람 혹은 기관인가?

3. 웹사이트 주소나 URL은 정확한 것인가?

4. 콘텐츠나 게시물에 나오는 출처는 누구나 알 수 있는 것인가?

5. 하이퍼링크로 연결된 출처는 정확한 것인가?

6. 나에게 SNS 정보를 보내 주거나 나를 위해 포스트한 사람은 누군가?

7. 지금 보고 있는 게시물을 다른 일반 언론사 웹사이트에서도 볼 수 있는가?

8. 콘텐츠나 게시물에서 철자나 맞춤법이 제대로 표기되어 있는가?

9. 콘텐츠나 게시물이 약물이나 대문자를 지나치게 많이 사용하고 있지 않은가?

10. 해당 정보가 게시된 날짜가 최근 것인가, 오래된 것인가?

11. 사진이나 이미지는 출처를 명확하게 표기하고 있는가?

12. 사진이나 이미지는 원본인가, 변형된 것인가?

13. 격한 분노나 희열을 느끼게 하는 자극적인 내용인가?

14. 정보나 게시물의 내용이 사실인가 아니면 의견인가?

15. 주장이나 관점은 사실이나 객관적 근거를 가지고 있는가, 그렇지 않은가?

16. 주장이나 관점이 어느 한쪽에 치우쳐 있는가, 그렇지 않은가?

17. 해당 정보나 게시물의 내용이 전체인가 아니면 일부만 있는가?

18. 해당 게시물이 특정 정당이나 정치인에 대한 입장을 강요하는 것은 아닌가?

19. 해당 정보나 게시물에 상업적 목적이 있지 않은가?

20. 내 스스로 해당 정보나 게시물에 편견을 갖고 있지 않은가?

참고 문헌

[1장]

1. 허프포스트코리아 2017년 11월 3일.
   https://www.huffingtonpost.kr/2017/11/03/story_n_18453028.html
2. 온라인 어원사전(Online Etomology Dictionary)
   https://www.etymonline.com/word/fake
3. Ibid.
4. https://archive.org/stream/lincolncatechis3518newy/lincolncatechis3518newy_djvu.txt
5. Julie Posetti, Cherilyn Ireton(2018).Journalism, 'Fake News' & Disinformation. Handbook
   for Journalism Education and Training, UNESCO.
   http://unesdoc.unesco.org/images/0026/002655/265552E.pdf
6. 김원중 역(2016). 손자병법 – 시공을 초월한 전쟁론의 고전. (손무 저). 휴머니스트.
7. 황문수 역(1999). 소크라테스의 변명. (플라톤 저). 문예출판사. 9~12쪽.
8. https://archive.org/stream/lincolncatechis3518newy/lincolncatechis3518newy_djvu.txt
9. 김동수 역.(2005). 학살의 기억, 관동대지진. (강덕상 저). 역사비평사.
10. Yiying, A. Tackling the real issue of fake news. The Strait Times, 2018년 5월 9일자.
    http://www.straitstimes.com/opinion/tackling–the–real–issue–of–fake–news
11. https://davidbuckingham.net/blog.
12. 박아란 (2017). 가짜뉴스에 대한 법률적 쟁점과 대책. Fake News(가짜뉴스) 개념과 대응 방안 세미
    나 발제문.
13. http://www.nec1390.com
14. 황용석·권오성(2018). 가짜뉴스의 개념화와 규제수단에 관한 연구–인터넷서비스사업자의 자율규제
    를 중심으로–언론과 법 제16권 1호. 53~101.
15. Reilly. I.(2012). Satirical Fake News and/as American Political Discourse. The Journal of
    american Culture, Vol. 35, Issue 3.
    https://onlinelibrary.wiley.com/doi/full/10.1111/j.1542–734X.2012.00812.x
16. https://ko.wikipedia.org/wiki/%EA%B0%84%ED%86%A0_%EB%8C%80%EC%A7%80%
    EC%A7%84_%EC%A1%B0%EC%84%A0%EC%9D%B8_%ED%95%99%EC%82%B4_%EC
    %82%AC%EA%B1%B4
17. 노컷뉴스 2011년 7월 21일, 악재성 루머 대부분 사실로 드러나.
    http://www.nocutnews.co.kr/news/857276
18. 최병진.(2002). 오보와 그 구제방안에 관한 연구, 인문과학 7호, 249~271.
19. 황용석·권오성(2018). 앞의 책.
20. 동아일보 2016년 12월 25일. http://news.donga.com/3/all/20161224/82014530/1
21. 황치성(2018). 가짜뉴스에 숨어있는 덫, 이젠 그 말을 버려야 한다. 경향신문 2018년 9월 29일자 칼
    럼.
22. Yiying, Tackling the real issue of fake news. op, cit.
23. Ibid.
24. 중앙선거관리위원회 홈페이지 2017년 4월 27일
    http://www.nec.go.kr/portal/main.do
25. http://www.newstof.com/news/articleView.html?idxno=418
26. 황치성(2018). 가짜뉴스에 숨어있는 덫, 이젠 그 말을 버려야 한다.
27. European Commission.(2018). A multi–dimensional approach to disinformation ;Report

of the independent High level Group on fake news and online disinformation.
https://blog.wan‐ifra.org/sites/default/files/field_blog_entry_file/HLEGReportonFakeNe
wsandOnlineDisinformation.pdf에서 이용가능.

28. Julie Posetti, Cherilyn Ireton(2018). ibid.
29. Ibid.
30. Ibid.
31. Ibid.
32. http://2.bp.blogspot.com/‐NFZYr7PjbyQ/ULXK‐u7YwQI/AAAAAAAF2U/TIv1T67RIjs/
s1600/the+union.bmp
33. Julie Posetti, Cherilyn Ireton(2018). op, cit.
34. 엉뚱한 연결은 뉴스사이트 뿐만 아니라 페이스북과 같은 소셜미디어 피드에서도 볼 수 있다. 이를테
면 제목은 호기심을 담은 내용을 적시해 놓고 막상 본문을 스크롤하면 전혀 엉뚱한 내용이 나오는
경우다.
이에 대해 페이스북은 클릭베이트를 차단하기 위한 알고리즘 변경에 나서기도 했다.(아래 링크 참
조) 페이스북 측이 이를 위해 만들어 놓은 차단 기준은 두 가지다. 첫 번째는 기사 제목에 기사의 내
용이 충실히 담겨 있지 않는 경우다. 예를 들면 '소파 아래를 들여다보니…충격' 또는 '신발에 마늘
을 집어 넣고 잠들어…다음날 일어난 믿지 못할 일은?'과 같은 제목은 앞으로 뉴스피드에서 낚시글
로 인식돼 제재를 받는다.
두 번째 기준은 과장된 제목을 사용했는지다. 기사를 클릭했을 시 독자의 기대와는 다른 내용을 담
고 있다면 낚시글로 여겨진다. 예를 들어 '사과는 몸에 정말 나쁘다!?'라는 제목의 기사의 내용이 읽
어보니 사과는 매일 너무 많이 먹으면 몸에 나쁘다라는 내용일 경우가 이에 해당된다.
또 페이스북은 언론사들이 운영하는 페이스북 페이지에 낚시성 기사로 인식되는 글이 지속적으로
게재될 경우 해당 매체의 페이지 게시물은 자동으로 뉴스피드 최하단에 노출하게 만들 것이라고 밝
혔다. 이에 따라 퍼블리셔들은 트래픽이 크게 저하될 가능성을 염두에 두고 기사 노출에 있어 신중
한 판단이 필요할 것으로 보인다.
http://www.venturesquare.net/729920
35. Julie Posetti, Cherilyn Ireton(2018). op, cit.
36. Ibid.
37. 한국일보 2017년 1월 18일자
http://www.hankookilbo.com/v/1622481b5272405381778aa5e793d740
38. http://weekly.chosun.com/client/news/viw.asp?ctcd=c01&nNewsNumb=002443100001
39. Posetti, & Ireton(2018). op, cit.
40. Pham, N.(2018). Haunting 'Nepal quake victims photo' from Vietnam. BBC. [online]
http://www.bbc.co.uk/news/world‐asia‐32579598
https://www.rappler.com/thought‐leaders/20177731‐duterte‐change‐fake‐news‐
graphs‐spot
41. 연합뉴스 2018년 10월 4일자
https://www.msn.com/ko‐kr/news/world/%EA%B7%9C%EB%AA%A8‐
81‐%EA%B0%95%EC%A7%84%EC%9D%B4‐%EB%98%90‐%EC%98%
A8%EB%8B%A4%EA%B3%A0%E2%80%A6%EC%9D%B8%EB%8B%88‐
%EA%B0%80%EC%A7%9C%EB%89%B4%EC%8A%A4%EB%A1%9C‐
%EB%AA%B8%EC%82%B4/ar‐BBNU1YY

42. https://www.bbc.com/news/world-africa-40753182
43. https://www.youtube.com/watch?v=KBD10ToLie838. http://h21.hani.co.kr/arti/culture/science/42853.html
44. http://h21.hani.co.kr/arti/culture/science/42853.html
45. Digital, Culture, Media and Sport Committee(2018) Disinformation and fake news: interim report. Fifth Report of Session 2017-.19. The House of Commons.
46. https://www.telegraph.co.uk/technology/2018/10/22/government-bans-phrase-fake-news/
47. Vilmer, J., Escorcia, A., Guillaume, M, & Herrera, J.(2018). Information Manipulation: A Challenge for Our Democracies-A report by the Policy Planning Staff(CAPS, Ministry for Europe and Foreign Affairs) and the Institute for Strategic Research(IRSEM, Ministry for the Armed Forces).
48. 박신욱.(2018).온라인 서비스 제공자의 책임 및 그 확장과 관련된 독일 네트워크 법집행법(NetZDG) 연구. 법학연구 제 21집 제2호. 269-304.
49. 법무부 2018년 10월 16일자 보도자료 중에서
    http://www.moj.go.kr/HP/COM/bbs_03/ListShowData.do?strNbodCd=noti0005&strWrtNo=4406&strAnsNo=A&strFilePath=moj/&strRtnURL=MOJ_30200000&strOrgGbnCd=100000
50. http://www.newstof.com/news/articleView.html?idxno=929
51. 이용하 · 소성규 · 모춘흥 · 유현경.(2018). 한반도 통일에 대비한 남북연금 통합 기본계획 연구. 국민연금공단 · 국민연금연구원.
52. http://news.jtbc.joins.com/html/183/NB11694183.html
53. http://e-arirang.co.kr/bbs/view.php?id=free&no=2002
54. https://www.youtube.com/watch?v=kSBki9TyyCs&feature=youtu.be
55. https://www.youtube.com/watch?v=kSBki9TyyCs&feature=youtu.be
56. http://cafe.daum.net/onukang/eSef/2999
57. https://www.youtube.com/watch?v=kSBki9TyyCs&feature=youtu.behttp://news.jtbc.joins.com/html/183/NB11694183.html
58. 법무부 2018년 10월 16일자 보도자료

[2장]
1. 한겨레 2018년 11월 23일 유튜브서 가짜뉴스 접해도… "기성언론이 더 편파적"
2. European Commission.(2018). op.,cit.
3. Dizikes, P.(2018). On Twitter, false news travels faster than true stories. MIT News Office March 8,
   http://news.mit.edu/2018/study-twitter-false-news-travels-faster-true-stories-0308
4. Howard, P. (November 14, 2016). Is social media killing democracy. Culturedigitally. Kavanagh, J., & Rich.,M. D(2018). Truth Decay: An Initial Exploration of the Diminishing Role of Facts and Analysis in American Public Life. Rand Corporation. https://www.rand.org/pubs/research_reports/RR2314.html

5. 노성종 · 최지향 · 민영(2017). '가짜뉴스 효과'의 조건: 2017년 대통령 선거에 나타난 '가짜뉴스 효과'의 견인과 견제 요인. 사이버커뮤니케이션학보. 사이버커뮤니케이션학회. 34(4). 99~149.

6. 위의 책.

7. 위의 책.

8. Kavanagh, J. & Rich, M. D.(2018). Truth Decay: An Initial Exploration of the Diminishing Role of Fact and Analysis in American Public Life. RAND CORPORATION.

9. 김유향(2016). 미 대선 시기 가짜뉴스(Fake News) 관련 논란과 의미. 이슈와 논점 제1242호. 국회 입법조사처.

10. Jeffrey Gottfried, Elisa Shearer, "News Use Across Social Media Platforms 2016", The Pew Research, 2016. 5. 26.

11. 에델만(2017). 2017 에델만 신뢰도 지표조사 – 대한민국. Edelman.

12. Newman. E., etc, al.(2018). Reuters Institute Digital News Report 2018. Reuters Institute for the Study of Journalism.

13. 황용석·정재관·정다운(2018). 가짜뉴스 관련 국내 입법안 분석과 그 한계 – 위헌성 여부를 중심으로. 사회과학연구 제 25권 제2호 101~123.

14. 사이언스 타임스 2018년 9월 4일자.
    http://www.sciencetimes.co.kr/?news=%EA%B0%80%EC%A7%9C%EB%89%B4%EC%8A%A4%EC%B0%80 – %ED%99%95%EC%82%B0%EB%90%98%EB%8A%94 – %EC%9D%B4%EC%9C%A0

15. Nickerson, R. S. (1998). Confirmation bias: A ubiquitous phenomenon in many guises. Review of General Psychology, 2(2), 175~220.

16. Kavanagh, J., & Rich.,M. D(2018). op. cit

17. 임상원 역(2013). 아레오파지티카.(존 밀턴 저). 나남

18. 서병훈 역(2005). 자유론.(존 스튜어트 밀 저). 책세상.

19. https://yellowhammernews.com/fake – news – and – the – market – for – ideas/

20. Kavanagh, J. & Rich, M. D.(2018). op, cit.

21. 유혜영. 시사인 2018년 5월 9일자 정말 트럼프는 가짜뉴스 덕분에 당선된 것일까? https://www.sisain.co.kr/?mod=news&act=articleView&idxno=31758

22. 경향신문 2018년 8월 4일자. 백철 기자
    http://news.khan.co.kr/kh_news/khan_art_view.html?art_id=201808041430001

23. Kavanagh, J., & Rich.,M. D(2018). op, cit

24. Picton, I & Teravainen, A.(2017). Fake news and critical literacy: An evidence review. The National Literacy Trust 2017. www.literacytrust.org.uk

25. Postman, N.(1985). Amusing Ourselves to Death: Public discourse in the age of show business. N. Y.: Penguin Books.

26. Children's Commissioner for England.(2017). Growing Up Digital: A Report of the Growing Up Digital Taskforce. London, England: Children's Commissioner for England.

27. 강진숙(2018). 국내 미디어교육의 법체계 및 정책기구 활동에 대한 인식 연구. 2018 미디어 · 정보리터러시 국제심포지엄. 한국교육학술정보원 · 한국언론진흥재단 · 유네스코한국위원회 · 시청자미디어재단 · 전국미디어센터협의회 공동 주최 2018년 11월 8일 프레스센터 20층. 201~215

28. Kavanagh, J., & Rich.,M. D(2018). Truth Decay: An Initial Exploration of the Diminishing

Role of Facts and Analysis in American Public Life. Rand Corporation.
https://www.rand.org/pubs/research_reports/RR2314.html
29. 구본권(2018). 가짜뉴스의 사회심리학. KISO 저널 제32호.
http://journal.kiso.or.kr/?p=9069
30. http://www.yonhapnews.co.kr/bulletin/2018/08/31/0200000000A
KR20180831129700797.HTML
31. http://www.ciokorea.com/t/22000/ai/39131

[3장]
1. Price. V.(1989).Social identification and public opinion: Effects of communicating
group conflict. Public Opinion Quarterly, 53, 197–224.
2. jtbc 2018년 6월 19일 방영 뉴스
http://news.jtbc.joins.com/html/436/NB11652436.html
3. http://www1.president.go.kr/petitions/269548
4. https://www.bbc.com/korean/international–45505344
5. 경향신문 2018년 10월 23일자 미얀마 마웅 자니 인터뷰 "천천히 타오른 로힝야족 학살, 스마트
폰이 혐오 폭탄됐다"
http://news.khan.co.kr/kh_news/khan_art_view.html?art_id=201810220600075
6. http://www.peoplepower21.org/International/1587170
7. 연합뉴스 2018년 7월 3일자.
http://www.yonhapnews.co.kr/bulletin/2018/07/03/0200000000A
KR20180703114000077.HTML
8. 한겨레 2018년 5월 29일
http://www.hani.co.kr/arti/international/asiapacific/846763.html
9. 서울신문 2018년 11월 12일
http://www.seoul.co.kr/news/newsView.php?id=20181112500093&wlog_tag3=naver
10. Kavanagh, J., & Rich.,M. D(2018). op, cit.
11. 오세욱 · 정세훈 · 박아란(2017). 가짜뉴스 현황과 문제점. 서울. 한국언론진흥재단.
12. 동아사이언스 2018년 10월호.
http://dongascience.donga.com/news.php?idx=21845
13. Posetti, J & Ireton.C.(2018). op, cit.
14. Ibld.
15. Johnson. D, R. & Peifer. J, L. (2017) How Public Confidence in Higher Education
Varies by Social Context. The Journal of Higher Education Volume 88. https://www.
tandfonline.com/doi/full/10.1080/00221546.2017.1291256?scroll=top&needAccess=tr
ue
16. Funk, C., & Rainie, L.(2016). http://www.pewinternet.org/2015/01/29/public–and–
scientists–views–on–science–and–society/
17. Tom Nichols.(2017) The Death of Expertise: The Campaign Against Established
Knowledge and Why it Matters. Oxford University Press.
18. 김선호 · 김위근 (2017). 2017년 한국 뉴스 생태계의 현주소를 보여주는 7가지 지표., 3권 6호,

1~12.

19. Posetti, J & Ireton, C.(2018). op, cit
20. Kavanagh, J., & Rich.,M. D(2018). op, cit
21. 에델만(2017). 앞의 책.
22. Kavangh, J., & Rioh., M.D(2018). op, cit
23. European Commission.(2018). FL464 Fake News and Disinformation Online.
    http://ec.europa.eu/commfrontoffice/publicopinion/index.cfm/survey/
    getsurveydetail/instruments/flash/surveyky/2183에서 이용 가능
24. Digital, Culture, Media and Sport Committee(2018). op, cit.
25. European Commission.(2018). op, cit.

[4장]
1. https://literacytrust.org.uk/research-services/research-reports/fake-news-and-
    critical-literacy-final-report/
2. 동아사이언스 2018년 10월호.
    http://dongascience.donga.com/news.php?idx=21845
3. 보안뉴스 2018년 10월 26일. https://www.boannews.com/media/view.asp?idx=74068
4. Digital, Culture, Media and Sport Committee(2018). op, cit.
5. 중앙일보 영국 하원 디지털...위원회 보고서 관련 내용 2018년 7월 30일
    https://news.joins.com/article/22843818
6. Digital, Culture, Media and Sport Committee(2018). op, cit.
7. https://www.telegraph.co.uk/technology/2018/10/22/government-bans-phrase-
    fake-news/
8. Posetti, J. & Ireton, C.(2018). op, cit.
9. Schmidt, C.(2018). How France beat back information manipulation (and how other
    democracies might do the same).
    https://www.stopfake.org/en/how-france-beat-back-information-manipulation-
    and-how-other-democracies-might-do-the-same/
10. http://www.loc.gov/law/foreign-news/article/france-senate-rejects-fake-news-
    ban-bills/
11. http://news.jtbc.joins.com/html/802/NB11704802.html
12. http://slownews.kr/71699
13. 러시아 국영방송 RT는 2015년 9월, "영국 공영방송 BBC가 시리아에서 화학무기 공격을 하는 모
    습을 찍은 영상은 가짜"라고 보도했다. BBC가 보도를 위해 화학무기 공격이 발생한 것처럼 꾸미
    고 취재원의 발언을 디지털 방식으로 조작했다는 설명이다. 이를 놓고 BBC와 RT 간에 심각한 논
    쟁이 벌어졌는데 그 과정에서 오프콤이 "RT의 보도는 방송법을 위반한 것이라고 결론을 내렸다.
    https://news.joins.com/article/18724994
14. 이유진(2018). 독일의 언론피해 구제 제도와 최근 동향. 해외언론 법제 연구보고서 제1호. 언론
    중재위원회. 55-86.
15. 중앙일보 2028년 1월 2일자 http://news.joins.com/article/22250147
16. 이유진(2018). 앞의 책.

17. 심나리. (2017). "소셜 네트워크의 페이크뉴스와 혐오표현, 법적 규제 가능할까: 독일 네트워크시행법(안)의 주요 내용과 쟁점", 「언론중재」, 가을호: 100-106.
18. 박신욱(2018).온라인 서비스제공자의 책임 및 그 확장과 관련된 독일 네트워크 법집행법(NetZDG) 연구. 법학연구 제 21집 제2호. 269-304.
19. 이유진(2018). 앞의 책.
20. 같은 책.
21. 매경 2018년 1월 9일 17시 입력
    http://news.mk.co.kr/newsRead.php?no=19200&year=2018
22. 박신욱(2018). 앞의 책.
23. 최재원(2018). 페이스북의 가짜 페이지 삭제와 표현의 자유 논란, 월간 신문과방송 9월호, 통권 573호 116-119.
24. https://www.scribd.com/document/385022848/Warner-Policy-Paper#from_embed
25. 출처: 권정수 기자 IT 데일리 2018년 6월 1일
    http://www.itdaily.kr/news/articleView.html?idxno=89338
26. https://www.scribd.com/document/385022848/Warner-Policy-Paper#from_embed
27. https://mlexmarketinsight.com/contact-us/language-pages/korean/warner-policy-draft-would-remake-regulatory-landscape-for-big-tech에서 가져온 것
28. Lopez, G. (2016, 12, 8). Pizzagate, the fake news conspiracy theory that led a gunman to DC's Comet Ping Pong, explained. <VOX>. Retrieved from https://www.vox.com/policy-and-politics/2016/12/5/13842258/pizzagate-comet-ping-pong-fake-news
29. Seidenberg, S. (2017). Lies and libel: Fake news lacks straightforward cure. <ABA Journal>. Retrieved from http://www.abajournal.com/magazine/article/fake_news_libel_law
30. 김지수(2018). 미국의 언론관련 법제 및 판례 동향. 해외언론 법제 연구보고서 제1호. 언론중재위원회. 30-54.
31. Seidenberg, S. (2017). op, cit.
32. 김지수(2018). 앞의 책.
33. Montero, D. (2017, 5, 17). Alex Jones settles Chobani lawsuit and retracts comments about refugees in Twin Falls, Idaho. <Los Angeles Times>. Retrieved from http://www.latimes.com/nation/la-na-chobani-alex-jones-20170517-story.html
34. 김지수(2018). 앞의 책.
35. Royster, L. K. (2017). Fake news: Potentials solutions to the online epidemic. North Carolina Law Review, 96, 270-296.
36. 한국일보 2018년 8월 8일 11.26 입력
    http://www.hankookilbo.com/News/Read/201808081110712317
37. Royster, L. K. op, cit
38. 트위터 역시 한 달 후인 9월 7일날 존스의 계정을 연구적으로 패쇄했다.
    https://news.joins.com/article/22950607
39. 최재원(2018). 앞의 책.
40. http://www.straitstimes.com/opinion/tackling-the-real-issue-of-fake-news
41. The Strait Times, 2018년 5월 9일자. 2018년 9월 20일자https://www.straitstimes.com/

politics/select-committee-on-fake-news-summary-of-panels-22-suggestions
42. The Select Committee.(2018). Report of the Select Committee on Deliberate Online Falsehoods-Causes, Cosequences and Countermeasures. Thirteenth Parliament of Singapore.
43. 서울대학교 언론정보연구소 미래뉴스센터.(2018). 가짜뉴스에 대한 국내외 법적/제도적 동향. ICR Media Trend Report No.11.
44. 주스웨덴 대한민국대사관
   http://overseas.mofa.go.kr/se-ko/brd/m_7987/view.do?seq=1345364&srchFr=&srchTo=&srchWord=&srchTp=&multi_itm_seq=0&itm_seq_1=0&itm_seq_2=0&company_cd=&company_nm=&page=1
45. European Commission.(2018). op, cit.

[5장]
1. 마동훈 · 오택섭 · 김선혁(2013). 저널리즘 공공성 실현을 위한 한국형 팩트체킹 모델 연구. 한국언론진흥재단.
2. 박아란 · 이나연 · 정은령(2018). 팩트체크 저널리즘의 주요 원칙. 한국언론진흥재단
3. 위의 책.
4. 최순욱 · 윤석민(2017). 협업형 사실검증 서비스의 의의와 과제-SNU팩트체크의 사례 The Implications of Collaborative Fact-Check Service: Case of 사이버커뮤니케이션 학보 제34권 제2호, 2017.6, 173-205 (33 pages)
5. 박아란 · 이나연 · 정은령(2018). 앞의 책.
6. 박석호 부산일보 2018년 7월 4일 입력 글로벌 팩트체크 컨퍼런스 참가해 보니.
   http://news20.busan.com/controller/newsController.jsp?newsId=20180704000251
7. http://factcheck.snu.ac.kr/documents/19
8. 박아란 · 이나연 · 정은령(2018). 앞의 책.
9. http://factcheck.snu.ac.kr/documents/19
10. 박아란 · 이나연 · 정은령(2018). 앞의 책.
11. https://storyfunding.daum.net/episode/30502
12. 박아란 · 이나연 · 정은령(2018). 앞의 책.
13. http://factcheck.snu.ac.kr/documents/19
14. http://www.mediatoday.co.kr/?mod=news&act=articleView&idxno=143314
15. 한국일보 2017년 5월 15일 입력 "팩트체크하는 위키트리뷴, 가짜뉴스 잡는 최고의 대안"
    http://www.hankookilbo.com/News/Read/201705152125053597
16. 한국일보 2017년 5월 15일 입력 "팩트체크하는 위키트리뷴, 가짜뉴스 잡는 최고의 대안"
    http://www.hankookilbo.com/News/Read/201705152125053597
17. 최순욱 · 윤석민(2017). 앞의 책.
18. 출처: http://slownews.kr/67501
19. 진민정(2018). 프랑스 대선 보도의 교훈-언론사 협업에 더 강력해진 팩트체킹, 더 커진 독자 신뢰, 월간 신문과 방송 5월호 22-25.
20. 진민정(2018). 위의 책.
21. http://slownews.kr/67501

22. 진민정(2018). 앞의 책.
23. 다니엘 푼케.(2017). 팍티스크(Faktisk), 게시된 지 3개월 만에 노르웨이에서 가장 유명한 사이트가 되다. http://factcheck.snu.ac.kr/documents/105
24. https://www.rights.no/2017/08/nullskatteyter-om-norges-fremtid/
25. http://factcheck.snu.ac.kr/documents/98
26. https://storyfunding.daum.net/episode/30502
27. http://factcheck.snu.ac.kr/documents/98
28. 이지선(2018). '글로벌 팩트체킹 서밋 참가기'- AI 기술로 더 교묘해진 가짜뉴스, 팩트체크 중요성 더 커져. 월간 신문과방송 8월호. 95-99
29. 위의 책.
30. 박아란 · 이나연 · 정은령(2018). 앞의 책.
31. http://factcheck.snu.ac.kr/documents/39
32. https://www.poynter.org/about-us/our-team
33. 박아란 · 이나연 · 정은령(2018). 앞의 책.

[6장]
1. 황치성.(2018). 미디어 리터러시와 비판적 사고. 교육과학사
   https://www.medialit.org/
2. 황치성.(2018). 미디어 리터러시와 비판적 사고 시리즈1, 한국언론진흥재단 웹진 다독다독 창간호.
   https://m.post.naver.com/viewer/postView.nhn?volumeNo=13919822&memberNo=3379134&searchKeyword=%EB%AF%B8%EB%94%94%EC%96%B4%EB%A6%AC%ED%84%B0%EB%9F%AC%EC%8B%9C%20%EB%B9%84%ED%8C%90%EC%A0%81%20%EC%82%AC%EA%B3%A0&searchRank=5
3. 황치성.(2017). 4차 산업혁명 시대와 미디어 리터러시 교육의 의미. 한국언론진흥재단 웹진 다독다독 창간호.http://cdn.theatlantic.com/static/front/docs/sponsored/phoenix/future_work_skills_2020.pdf
4. Fedorov. A.(2008). Media Education Around the World:Brief History, Acta Didactica Napochensia. vol1, Nov,2.
5. 황치성 · 김광재 · 한승연.(2014). 미래 성장동력으로서 미디어 리터러시. 한국언론진흥재단 연구서. 서울 한국언론진흥재단.
6. National Literacy Trust.(2018). Fake news and critical literacy: The final report of the Commission on Fake News and the Teaching of Critical Literacy in Schools. National Literacy Trust.
7. Fedorov. A.(2008). op, cit.
8. 강진숙 · 조재희 · 정수영 · 박성우.(2017). 해외 미디어교육 법체계 및 정책기구 연구. 한국언론진흥재단.
9. Digital, Culture, Media and Sport Committee(2018). op, cit.
10. 진민정(2018) 프랑스 끌레미의 2018 언론 주간 들여다보기. 미디어 리터러시 웹진 다독다독
    https://brunch.co.kr/@kpf10/523
11. https://www.clg-daudet-ales.ac-montpellier.fr/semaine-de-la-presse-et-des-medias-2018

12. 진민정(2018). 앞의 책.
13. Vilmer, J., Escorcia, A., Guillaume, M, & Herrera, J.(2018). op, cit.
14. Baker. F(2013). The History of Media Literacy, Praeger Handbook of Media Literacy(eds. Art Silverblatt). ABC-CLIO.
    http://www.frankwbaker.com/history_of_media_literacy.htm
15. Ibid.
16. 황치성.(2018). 미디어 리터러시와 비판적 사고-디지털 세상에서 자기주도적 삶과 학습을 위한 지침서. 교육과학사.
17. Stanford History Education Group.(2016). Evaluating Information: The Cornstone of Civic Online Reasoning. http://www.epochtimes.co.kr/news/articleView.html?idxno=398796
18. http://www.straitstimes.com/opinion/tackling-the-real-issue-of-fake-news
19. https://medialiteracynow.org/media-literacy-legislative-roundup-21-bills-11-states-5-new-laws/
20. 위의 책.
21. 류동협(2017). 가짜뉴스에 대응하는 미국의 미디어교육. 미디어 리터러시 창간호
22. 위의 책
23. https://www.thenewstribune.com/news/local/education/article145915579.html
24. http://apps2.leg.wa.gov/billsummary?BillNumber=5449&Year=2017&BillNumber=5449&Year=2017
25. https://napavalleyregister.com/news/local/lawmakers-pass-dodd-bill-encouraging-media-literacy-in-schools/article_0cf738af-6e35-5a05-964f-9ae57618a64a.html
26. https://napavalleyregister.com/news/local/lawmakers-pass-dodd-bill-encouraging-media-literacy-in-schools/article_0cf738af-6e35-5a05-964f-9ae57618a64a.html
27. https://www.medialiteracyweek.ca/
28. 류동협(2017). 앞의 책.
29. 같은 책.
30. https://www.allsides.com/dictionary
31. 황치성 · 김광재 · 한승연.(2014). 미래 성장동력으로서 미디어 리터러시. 한국언론진흥재단 연구서. 서울 한국언론진흥재단.
32. www.nlb.gov.sg/sure/)
33. https://www.straitstimes.com/singapore/most-people-say-they-can-spot-fake-news-but-falter-when-tested-survey
34. The Select Committee.(2018). op, cit.
35. https://www.channelnewsasia.com/news/singapore/framework-build-information-media-literacy-launched-2019-iswaran-10890438
36. https://search.coe.int/cm/Pages/result_details.aspx?ObjectId=0900001680790e13

세계는 왜
가짜뉴스와 전면전을
선포했는가?

초판 1쇄 인쇄   2018년 12월   7일
초판 1쇄 발행   2018년 12월   13일

저자   황치성
펴낸이   박정태
편집이사   이명수   감수교정   정하경
편집부   김동서, 위가연, 이정주
마케팅   조화묵, 박명준, 송민정   온라인마케팅 박용대
경영지원   최윤숙

펴낸곳   북스타
출판등록   2006. 9. 8 제313-2006-000198호
주소   파주시 파주출판문화도시 광인사길 161 광문각 B/D
전화   031-955-8787   팩스   031-955-3730
E-mail   kwangmk7@hanmail.net
홈페이지   www.kwangmoonkag.co.kr

ISBN   979-11-88768-10-3 03070
가격   14,000원